解密日本三大财阀

掌控日本经济的影子

日本财阀研究会 著
李阳 译

中国出版集团有限公司
研究出版社

图书在版编目 (CIP) 数据

解密日本三大财阀：掌控日本经济的影子 / 日本财阀研究会著；李阳译. -- 北京：研究出版社, 2025. 7.
ISBN 978-7-5199-1768-5

Ⅰ. F279.313.9

中国国家版本馆CIP数据核字第202408XE12号

著作权合同登记号：01-2025-1622

出 品 人：陈建军
出版统筹：丁　波
责任编辑：戴云波　张　璐

解密日本三大财阀：掌控日本经济的影子
JIEMI RIBEN SANDACAIFA ZHANGKONG RIBEN JINGJI DE YINGZI
日本财阀研究会　著　李阳　译
研究出版社 出版发行
（100006　北京市东城区灯市口大街100号华腾商务楼）
北京汇瑞嘉合文化发展有限公司　新华书店经销
2025年7月第1版　2025年7月第1次印刷
开本：787毫米×1092毫米　1/32　印张：7
字数：129千字
ISBN 978-7-5199-1768-5　定价：59.80元
电话（010）64217619　64217652（发行部）

前言

2016年5月27—28日，西方七国首脑会议（G7伊势志摩峰会）如期举行，日本时隔8年再度成为轮值主席国。此次会议，就如何应对世界经济增速放缓议题进行了重点讨论，但并没有得出行之有效的对策。

同年7月，国际货币基金组织（IMF）发布了《世界经济展望报告》，当时预计2016年和2017年世界经济增长率分别为3.4%、3.6%，二者较同年4月都减少了0.1%。日本也不例外，自1991年泡沫经济破灭以来，日本经济持续低迷，安倍经济学也未能使其恢复活力。

2008年雷曼事件后，世界经济陷入困境。根据日本内阁府公布的经济增长率（实际GDP同比增减率），2008年为-3.7%，2009年为-2%，2010年为3.5%，2011年为0.4%，2012年为0.9%，2013年为2%，2014年为-0.9%，2015年为0.8%，而1956—1973年的平均值为9.1%，1974—

1990 年的平均值也保持在 4.2%。由此可见，日本经济“急刹车”有多严重。

在此背景下，三菱、三井和住友三大财阀备受关注。这些财阀并不自称为“财阀”，它们都是由董事长和总经理构成管理组织，最后形成集团。其中，包括三菱的金曜会（29 家公司）、三井的二木会（26 家公司，包括作为观察员的丰田）以及住友的白水会（19 家公司），它们之间是相互合作的关系。

例如，三菱金曜会关于三菱集团的发展战略提出了如下理念：

（1）日本三菱集团作为独立公司的集合体，旗下的公司统一将“三纲领”作为经营的基本理念。

（2）“三纲领”于 20 世纪 30 年代提出，从 20 世纪 70 年代至今，其精神、价值观仍历久弥新，对三菱旗下各公司开展企业活动具有一定的指导作用。

（3）21 世纪，虽然人们的价值观和社会结构日新月异，但还是有必要对“三纲领”作出新的诠释并深化认识。

（4）在此，我们将重新诠释“三纲领”，并将其作为三菱集团的经营方针。

所期奉公——通过发展事业，努力实现物资和精神更加丰富的社会，同时为维护地球环境作贡献。

处事光明——以光明磊落为行动宗旨，保持经营活动的公开性和透明性。

立业贸易——立足于全球及宇宙的宏观立场开拓事业。

21 世纪，随着经济全球化，跨国竞争愈演愈烈。在这样的背景下，三菱集团必须重新建立新的理念和价值观，并在此基础上建立互信关系。同时，三菱作为对外开放的集团，要面向未来，持续进取。（摘自“三菱金曜会”官方网站）

正如三菱集团的发展战略所述，目前呼吁制定全球标准的声音遍布世界，跨国公司（或称国际金融资本）正领导着一场跨国经济活动，并持续创造出巨额经济效益。

但另外，很多问题也浮出了水面。

其中，最大的问题就是差距的拉大。在全球标准框架之下，追求效益是最优解。因此，发展中国家由于各种问题频发，常沦为牺牲品。例如，它们作为廉价劳动力输出地，只能埋头苦干获得微薄收入；或是当地资源被迫廉价出售；或是本国没有出台相关措施应对工业化，导致国内自然资源和环境遭到严重破坏；又或是金融市场脆弱，被迫接盘高风险的金融产品；等等。

此外，还有一个问题，那就是随着全球经济长期停滞，世界正趋于内向型发展。

第二次世界大战后，全球建立了以美国为核心的经济体系。美国作为超级大国，是政治、经济和军事领域的领头羊，但目前即便是实力如此雄厚的美国经济也日渐式微。

2013 年，时任美国总统奥巴马表示“美国已不再是世界警察”，这一言论引发了全世界的关注。现任总统唐纳德·特朗普高喊“美国优先”的口号，扬言要让日本政府全额负担美军驻留费用，并得到了美国民众的支持。随着美国国内贫富差距日渐拉大，美国民众开始认为比起关注世界，不如优先考虑自己。

同时，欧洲经济的低迷态势也未见有任何好转的迹象。

二战结束后，战争造成的灾难波及整个欧洲。出于无奈，欧洲只好向美国借钱。欧洲经济形势好转后，为了同美国和日本等国抗衡，成立了“欧盟”，具体来说，就是通过实现欧洲一体化构建经济圈来进行抗衡。

但是欧盟也有局限性。随着其日益壮大，各种矛盾接踵而至。由于各成员国的历史、文化以及经济实力各不相同，欧盟很难用同样的规则将它们统一。于是，后来英国就脱离了欧盟，英国国民称之为“独立”。目前这种脱欧的趋势正影响着欧盟其他成员国。

有人称这一状况为“全球主义的终结”，也有人称之为“纳粹主义的复活”。但不管怎样，全世界的人们都在重新思考自己国家的未来，这当然也跟企业的未来息息相关。

于是，财阀就成为了热点。在二战结束后，由于处于统治地位的日本GHQ（驻日盟军总司令部）责令财阀解体，日本严格意义上的财阀也一度解散。不过，后来日本财阀又以新的形式复活，并致力于探索新的经营之道。

三菱金曜会倡导的“重新认识共同的理念和价值观，并重视建立在其基础之上的互信关系”正是为实现这一目标而建立的新方向。

本书基于三菱的金曜会、三井的二木会以及住友的白水会旗下各企业的数据，逐步分析日本三大财阀的现状。例如，从总销售额来看，三菱集团为560000多亿日元、三井集团约为410000亿日元（除去观察员丰田）、住友集团约为330000亿日元，三大财阀的销售额合计超过1300000亿日元。这一数字超过了日本名义GDP（4990000亿日元）的四分之一。

每个财阀集团都设有自己的公共信息委员会，如果把加入这些委员会的成员也算在内,集团规模将进一步扩大。如果把那些不属于日本三大财阀但又与其旗下有业务往来的企业也算在内，那数量就真的非常庞大了。据说，以这三大财阀为核心的“经济圈”的价值可达10000000亿日元。

因此，可以毫不夸张地说，“没有三大财阀，就没有日本经济”。在本书中，我们将为各位读者彻底揭开三大财阀的庐山真面目。

目录 CONTENTS

解密日本
三大财阀

第一章

经济增长
背后的财阀

称霸全球的大富豪与财团

在全球化时代，新的大富豪崭露头角

世界经济规模正在持续扩大。

GDP 是衡量全球经济规模的重要指标之一。日本总务省统计局发布的《世界统计 2016》数据显示，2014 年全球名义 GDP 总额约为 780000 亿美元，比 1980 年增长了 7 倍以上。由于货币价值变动，我们只能简单比较。但毫无疑问，人类正以前所未有的势头扩大经济规模。

在此过程中，世界经济格局发生了翻天覆地的变化。其中最显著的就是企业经济活动范围扩大。

过去，经济活动主要在国家或地区内进行，而如今已经扩大到全球范围。在“全球标准”的大潮中，新的跨国公司如雨后春笋般涌现，跨国竞争也愈演愈烈。与此同时，新的富豪也接二连三地涌现。

“IT 大富豪”在富豪榜上名列前茅

我们不妨以美国经济杂志《福布斯》2016 年发布的“全球亿万富豪榜”为例。该杂志提供的数据显示，资产超过 10 亿美元的亿万富豪有 1810 人（2015 年为 1826 人），他们的净资产总额高达 64800 亿美元。根据 2016 年 3 月汇率（1 美元约兑 113 日元）计算可知，这个数字约合 7322400 亿日元。

世界名义 GDP 相较于 2014 年略有增长，大致为 800000 亿美元（约合 90400000 亿日元）。也就是说，这寥寥 1080 名亿万富豪掌握的财富就占到了全球财富的 8%。这一数字生动地揭示了近年来全球贫富差距拉大的现实。

现代亿万富豪排名前十的名单如下。

全球富豪排行榜前十

▶第 1 位：比尔 · 盖茨。净资产 750 亿美元

微软联合创始人，60 岁，来自美国

▶第 2 位：阿曼西奥 · 奥尔特加。净资产 670 亿美元

服装品牌 Inditex 的创始人，79 岁，来自西班牙

▶第 3 位：沃伦 · 巴菲特。净资产 608 亿美元

投资控股公司伯克希尔 · 哈撒韦公司的董事长兼首席执行官，85 岁，来自美国

▶第 4 位：卡洛斯·斯利姆·赫鲁。净资产 500 亿美元

拉丁美洲的通信业巨头，76 岁，来自墨西哥

▶第 5 位：杰夫·贝索斯。净资产 452 亿美元

亚马逊联合创始人兼首席执行官、董事会主席和总裁，52 岁，来自美国

▶第 6 位：马克·扎克伯格。净资产 446 亿美元

Facebook（现改名 Meta）创始人，31 岁，来自美国

▶第 7 位：拉里·埃里森。净资产 436 亿美元

商业软件公司甲骨文联合创始人，71 岁，来自美国

▶第 8 位：迈克尔·布隆伯格。净资产 400 亿美元

通信公司彭博的创始人，曾任纽约市市长，74 岁，来自美国

▶第 9 位：查尔斯·科赫。净资产 396 亿美元

能源巨头科氏工业首席执行官，80 岁，来自美国

▶并列第 9 位：大卫·科赫。净资产 396 亿美元

查尔斯·科赫的弟弟，科氏工业副总裁，76 岁，来自美国

从榜单中不难看出，来自 IT 行业的人物占据了诸多席位。这一趋势在第 10 位以后的榜单中同样明显。例如，谷歌的拉里·佩奇（42 岁，美国）以 352 亿美元的净资产位列第 12，同样来自谷歌的谢尔盖·布林（42 岁，美国）以

344 亿美元的净资产位列第 13，阿里巴巴的马云（55 岁，中国）以 205 亿美元的净资产位列第 33。

值得一提的是，日本虽然有 27 位富豪榜上有名，但排名前 100 位的富豪中，只有两位日本人，分别是排名 57 位的迅销公司柳井正（67 岁，净资产 146 亿美元），以及排在第 82 位的软银孙正义（58 岁，净资产 117 亿美元）。

如果将目光转向企业，我们又会发现有哪些公司呢？

《福布斯》根据营业额、利润、资产和市场价值等因素进行综合评估，公布了 2016 年全球企业 2000 强榜单。以下是其中排名前十的企业。

全球最具影响力的十大企业

▶第一位：中国工商银行（中国 / 银行）

营业额 1711 亿美元 / 企业价值 1980 亿美元

▶第二位：中国建设银行（中国 / 银行）

营业额 1468 亿美元 / 企业价值 1628 亿美元

▶第三位：中国农业银行（中国 / 银行）

营业额 1319 亿美元 / 企业价值 1527 亿美元

▶第四位：伯克希尔·哈撒韦公司（美国 / 多元化企业）

营业额 2108 亿美元 / 企业价值 3601 亿美元

▶第五位：摩根大通（美国 / 金融业）

营业额 999 亿美元 / 企业价值 2342 亿美元

▶第六位：中国银行（中国 / 银行）

营业额 1220 亿美元 / 企业价值 1430 亿美元

▶第七位：富国银行（美国 / 银行）

营业额 914 亿美元 / 企业价值 2560 亿美元

▶第八位：苹果（美国 / 科技行业）

营业额 2330 亿美元 / 企业价值 5860 亿美元

▶第九位：埃克森美孚（美国 / 石油和天然气行业）

营业额 2368 亿美元 / 企业价值 3633 亿美元

▶第十位：丰田（日本 / 汽车制造）

营业额 2358 亿美元 / 公司估值 1770 亿美元

除了丰田，进入前 100 强的日本企业还有日本邮政（第 29 位）、三菱东京 UFJ 银行（第 34 位）、NTT（第 44 位）、软银（第 69 位）、三井住友金融集团（第 70 位）、本田技研工业（第 74 位）、日产汽车（第 85 位）。

然而，我在上文提到的这些大富豪和企业都不会被称为“财阀”。真正的财阀还在他们之上。

何为控制世界经济的三大财阀?

被誉为世界三大财阀的是罗斯柴尔德家族、洛克菲勒家族和摩根家族。下面，我将对其进行简单的介绍。

罗斯柴尔德家族

被誉为世界最大财阀的是罗斯柴尔德家族。

1744年，梅耶·阿姆斯洛·罗斯柴尔德（罗斯柴尔德一世）出生在德国的法兰克福。他是一名成功的银行家，他的五个儿子通过不断拓展业务奠定了财团基础。日俄战争时，日本政府为了筹集军费，曾向罗斯柴尔德家族借款。关东大地震后，日本政府也接受过他们的复兴融资。

罗斯柴尔德家族的最大优势是他们对世界金融界的控制。主要有英国著名投资银行洛希尔父子有限公司（N. M. Rothschild & Sons Ltd.）（成立于1811年）、美国投资银行高盛集团（成立于1869年）、以香港上海汇丰银行（成立于1865年）为母体成立的全球规模最大的超级银行汇丰控股（成立于1991年），以及发行港元的渣打银行（成立于1853年）。

此外，他们对英国中央银行“英格兰银行”、法国中央银行“法国银行”，以及世界各国中央银行都有着巨大的影响力。

他们的业务也涉及金融业以外的广泛领域。例如，以亚洲为中心的多元化跨国企业——英国怡和集团（成立于1832年）、顶级石油公司荷兰皇家壳牌集团（成立于1907年）和英国石油公司（成立于1909年）也在其旗下。

此外，菲利普·莫里斯（烟草）、雀巢（咖啡）、联合利华（食品）、布鲁克邦德（红茶）、可口可乐（食品）、路易·威登（服装）、福特（汽车）、洛克希德（飞机）、杜邦（化学）、戴比尔斯（钻石）等也在罗斯柴尔德家族掌控之中。

而在信息和通信领域，美国三大电视网美国广播公司（ABC）、美国全国广播公司（NBC）、哥伦比亚广播公司（CBS），以及纽约时报、路透社、美国国际电话电报公司（AT&T）等都在罗斯柴尔德家族的控制下。

洛克菲勒家族

洛克菲勒家族的起源可以追溯到1862年，当时约翰·D·洛克菲勒创立了一家石油公司，到了19世纪末，这家名为“标准石油”（今天的埃克森美孚）的公司已经垄断了美国全国的原油生产、运输和销售业务，后来更是在全球石油业界产生了重大影响。

此外，约翰的弟弟威廉·洛克菲勒的两个儿子娶了两位银行家的女儿，并在1812年创立了纽约城市银行（现在的花旗集团），从而成功打入金融界。

近年来，他们与摩根财团的关系日益密切。2000年，洛克菲勒家族的核心银行大通曼哈顿银行合并了摩根财阀的 JP 摩根公司，并创建了银行控股公司摩根大通，旗下包括商业银行 JP 摩根大通和投资银行 JP 摩根。洛克菲勒家族以摩根大通和大都会人寿保险等金融机构为中心，控制了以通用电气公司为首的众多钢铁、航空、食品和化学行业的大型企业。

摩根家族

朱尼厄斯·斯宾塞·摩根通过在康涅狄格州哈特福德成功经营的纺织业奠定了摩根家族的基础。

1854 年，他与美国银行家乔治·皮博迪合作创立了皮博迪摩根银行（英文名：Peabody, Morgan & Co.，3 年后更名为 JS Morgan & Co）。随后，他在美国南北战争中支持北方军，在普法战争中支持法国军队，从中获得暴利。不久后，他逐渐掌控了华尔街，并将银行、汽车、航空、铁路、化学、信息通信等行业的主要企业纳入麾下，形成了一个庞大的企业集团。

需要注意的是，这三大财团的关系并非仅限于竞争。例如，摩根和洛克菲勒之间原本就有着联系，他们既是竞争对手，同时也是战略盟友。特别是从 20 世纪末开始，他们开始联手，共同制定了广泛的全球战略，这一象征就是控股公司 JP 摩根大通的诞生。

2000年，洛克菲勒集团的主要银行控股公司大通·曼哈顿以合并的方式将摩根的核心金融机构JP摩根纳入旗下，成为持股公司JP摩根大通，进而形成了一个巨大的超级银行。

罗斯柴尔德和洛克菲勒之间也存在同样的关系。2012年，英国罗斯柴尔德家族的雅各布·罗斯柴尔德领导的投资公司RIT Capital Partners，从法国兴业银行的投资银行部门购买了洛克菲勒的资产管理业务股份。这一举动引起热议，人们开始认为罗斯柴尔德终于要收购洛克菲勒了，但这只不过是一种流于表面的观点。

实际上，洛克菲勒家族的戴维·洛克菲勒和罗斯柴尔德家族的雅各布·罗斯柴尔德早就建立了友谊。前者在接受媒体采访时曾经说道："我和罗斯柴尔德相识50年了。我们两个家族之间的联系一直非常紧密，我非常欢迎作为股东的雅各布和RIT。"

因此，掌控世界的三大财团在幕后存在着千丝万缕的联系。在时代的潮流中，为了追求利益最大化，他们时而相互竞争，时而强强联手。

财团的"规则"撼动世界经济

罗斯柴尔德、洛克菲勒和摩根这三大财团是特例，其实，世界上还有其他形形色色的财团。

例如，俄罗斯天然气工业股份公司和卢克石油公司等，对俄罗斯的天然气和石油有着控制权，很快就成长为所谓的新兴财团（寡头）。

不远的邻国——韩国的三星、LG、现代等，也都是众所周知的财团。

不过，韩国的财团有着浓厚的官方财团色彩。

在与朝鲜的战争中，韩国由于基础设施被摧毁而遭受了重大经济损失。在朴正熙领导下的 1963—1979 年，韩国出台扶持财团的政策，实现了被誉为“汉江奇迹”的经济增长。在此期间，韩国获得了日本政府支付的巨额战后赔偿金，对韩国部分企业实施经济扶持，结果只有得到扶持的财团企业实现了发展，而所谓的中小微企业则很难成长。有观点认为，这是韩国贫富差距拉大的原因之一。

此外，也有人指出，这也是韩国经济发展至此后增速大幅放缓的一大要因。

换句话说，财团企业的业绩下滑直接拖累了整个国家的经济。

还有观点指出，韩国遵循所谓的全球标准也是其经济放缓的原因之一。

现在推动世界经济的是国际金融资本，其国际化程度已经到了不分国籍的地步。为了追求利益，财团企业制定了有利于自身发展的规则，而这些国际金融资本的大部分都被全球规模的财团资本所占据。从某种意义上来讲，现在席卷全球的“全球标准”，就是他们一手造就并强加给全世界的产物。

韩国在1997年亚洲货币危机中被纳入IMF（国际货币基金组织）的管理。当时，作为接受经济援助的条件，韩国被迫开放了国内市场，其国内的金融系统等也必须符合所谓的全球标准。很多声音认为这是韩国经济的绊脚石，而且这本身也是事实。

那个时候，韩国以外的亚洲各国经济都受到了重创。虽然日本也不例外，但它采取措施使本国经济得到迅速恢复，在全球标准的规则中生存了下来。

然而，现在世界上反对“全球标准的暴行”呼声越来越大，这是因为全球化标准的实施明显导致了贫富差距，特别是在发展中国家，随着国际金融资本的经济统治和外资统治加剧，国家发展变得越来越困难。

例如，当发达国家的工厂进入发展中国家时，后者最初可能会因为工作岗位增加而感到兴奋。但是，由于发达国家只是为了廉价的劳动力而来，它们压低发展中国家工人工资，忽略环境保护，造成环境污染，导致发展中国家永远无法赶上发达国家，来自发达国家的财富剥削永不停歇。

这种贫富差距的扩大也出现在发达国家，大资本正在进行全球范围内的财富掠夺。

当然，日本也有财团，不过其形态与我们到目前为止所描述的外国财团和国际金融资本似是而非。在英语词典中，“zaibatsu（财团）”一词常常和“financial combine（金融结合体）”一并出现。

日本的财团是一个区别于海外财团的特殊存在，究竟哪里不同呢？这取决于是否有历史和传统支持的纽带和联系。

重振旗鼓的财团推动了战后日本的发展

构成财团核心的金曜会、二木会和白水会

在词典中，“财阀”被定义为大型的、具有垄断性质的资本家和企业家集团，这些集团通常由一个家族或族群组成，例如战前的三井、三菱、住友和安田等(《广辞苑》)。

本书将对日本三大财团——三菱、三井和住友展开深入讨论。

各财团都包含日本的许多代表性企业，其中，引领集团发展的企业高层（会长或社长）构成了财团的核心组织——“会”。例如，三菱的金曜会、三井的二木会和住友的白水会。

三菱的金曜会有 29 家公司加盟，三井的二木会有 26 家公司加盟（包括观察员丰田），而住友的白水会则有 19 家公司加盟。在后文中，我们将对这三个组织展开详细介绍。

这些组织都是在二战后建立的。

在历史上，日本财阀曾在太平洋战争后被 GHQ（盟军最高司令部）解体。因此，这些财阀就此从历史上消失也不足为奇。

即便财阀被解体，但这些财阀的前员工们对三菱、三井、住友这些名字依旧念念不忘。于是，在财阀解体后，他们立刻秘密开展行动复兴财阀，并创建了金曜会、二木会和白水会，他们为曾经保护和培育的组织而自豪，和曾经共事的伙伴们有着深厚的感情。他们重整财阀，将其定位为新的企业集团。这就是推动日本战后发展的动力。即使在当今这个被称为全球标准的时代，它也在不断支持日本坚定地走下去。

项目	三菱集团（金曜会成员企业）	三井集团（二木会成员企业）	住友集团（白水会成员企业）
金融、保险	三菱日联金融集团（3家公司） ·三菱东京 UFJ 银行 ·三菱 UFJ 证券 ·三菱 UFJ 信托银行 明治安田生命保险 东京海上日动火灾保险	三井住友金融集团 三井住友信托控股 三井生命保险 三井住友海上火灾保险	三井住友银行 三井住友信托银行 三井住友海上火灾保险 住友生命保险
建设、不动产	三菱地所 三菱建设	三井不动产 三井住友建设 三机工业	住友不动产 三井住友建设 住友林业
电气设备	三菱电机	东芝	NEC
机械	三菱重工 三菱化工机 尼康	IHI	住友重机械工业
运输设备	三菱扶桑卡客车 三菱汽车	丰田汽车（观察员） 三井造船	
能源	JX 控股		

（续表）

项目	三菱集团 （金曜会成员企业）	三井集团 （二木会成员企业）	住友集团 （白水会成员企业）
化学	三菱化学（3 家公司） ·三菱化学 ·三菱人造纤维 ·三菱树脂 三菱瓦斯化学	富士胶片 东丽 三井化学 Denka	住友化学 住友酚醛塑料
非铁金属	三菱材料（2 家公司） ·三菱材料 ·三菱铝业	三井金属	住友电气工业 住友金属矿山
玻璃、土石制品	旭硝子	太平洋水泥	住友大阪水泥 日本板硝子
钢铁	三菱制钢	日本制钢所	
纸、浆料	三菱制纸	王子制纸 日本制纸	
食品	麒麟控股	日本制粉	
商社	三菱商事	三井物产	住友商事
百货店		三越百货	
运输、仓库	日本邮船（2 家公司） ·日本邮船 ·Yusen Logistics 三菱仓库	商船三井 三井仓库	住友仓库
信息、通信	三菱综合研究所	TBS	
橡胶制品			住友橡胶工业 （2016 年 4 月 1 日加盟）
制药			大日本住友制药 （2016 年 4 月 1 日加盟）

探寻日本主要财阀的发展史

业务领域多种多样，从货币兑换、酒商到药商等。

如前文所述，如今，日本的财阀 TOP3 无疑是三菱、三井和住友，它们各自打造了庞大的企业群体，业务遍布日本国内各个行业。然而，对于"财阀"这个词，却没有一个统一的定义。

《日本大百科全书》中提到：与"学阀""藩阀"等一样，"财阀"这个词同样是起源于明治时代的新闻术语。它最初是用来表示同一地区的商界人士联合进行商业活动的集团。

随着时间的推移，三井、岩崎（三菱）、住友等大富豪，抑或是他们控制的企业，开始被人们称为"财阀"。

一般来说，财阀是指："家族或同族出资的母公司（控股公司）作为核心，控制旗下的各企业（子公司）在多个行业中开展业务的企业集团。"它们大多诞生于江户时代到明治、大正时代期间。

以下是一些主要的例子。

江户时代诞生的主要财阀

鸿池财阀

一般认为，鸿池财阀的始祖是从安土桃山时代到江户时代前期一直活跃的鸿池新六。

鸿池新六是尼子十勇士之首山中幸盛（山中鹿介）的儿子。他在庆长年间（1596—1615 年）于鸿池乡（现在的兵库县伊丹市）开始酿酒，后来进军大阪，成为一名成功的货币兑换商，成为日本最大的财阀。

此外，第十代鸿池善右卫门（幸富）于明治十年（1877 年）创办了第十三国立银行。昭和八年（1933 年），该银行改为三和银行，而后经过一系列的变迁，逐渐发展成现在的三菱日联金融集团。

住友财阀

住友家的始祖是桓武天皇的曾孙高望王的第二十二代备中守（城主）忠重。

宽永年间（1624—1644 年），从忠重开始算第八代孙住友政友在京都开了一家贩卖书籍和药品的“富士屋”，从此开启了住友家族的商业传奇。

政友的姐夫苏我理右卫门将住友家族与铜业紧密联系。他开发出一种名为“南蛮吹”的铜精炼技术，并于天正十八年（1590 年）在京都建立了一个炼铜厂，从而打下了后续住友财阀的基业。

三井财阀

三井财阀起源于庆长年间（1596—1615年）由伊势商人三井高俊开设的商店。

三井家族的历史可以追溯到平安时期的政治家藤原道长。他的后代三井高俊，在伊势松坂（现在的三重县松阪市）开设了一家兼营清酒和典当生意的商店，人称“越后殿的酒屋”。

后来，高俊的四子三井高利前往江户，在延宝元年（1673年）创办了越后屋三井吴服店，又在京都和大坂成功开设货币兑换店，一举成为江户时代屈指可数的富商。

安田财阀

安田财阀起源于越中（现在的富山县）的安田善次郎在日本桥小舟町创立的“安田商店”。

他20岁作为仆人到江户，于庆应二年（1866年）开设了专门从事货币兑换的安田商店，成为幕府的官方兑换商，积累了大量财富。

明治维新后，他积极处理明治政府发行的信用度较低的太政官票，从中获得了巨额利润。明治九年（1876年），他创立了第三国立银行，明治十三年（1880年）又将其改组为安田银行（现为瑞穗银行），为后期财阀的形成打下了基础。

明治时代诞生的主要财阀

三菱财阀

土佐藩出身的岩崎弥太郎在明治维新后创立的“三菱商会”是现今三菱集团的根基。

岩崎弥太郎于明治六年（1873 年）创立三菱商会，在明治政府的保护下，垄断了海运业，并在明治二十六年（1893 年）设立了三菱合资公司。他以此为控股公司，进军造船、矿业、铁路、贸易等各个行业，奠定了三菱财阀的基础。

浅野财阀

由越中国冰见郡薮田村（现为富山县冰见市）的一个医生家庭的长子浅野总一郎创办的财阀。

明治维新后，他在东京通过销售焦炭取得成功，并在涉沢财阀的支持下取得进一步的发展。明治十七年（1884 年），他接手了官方的深川水泥制造所，创立了浅野水泥（现太平洋水泥），并以此为核心不断发展。此外，他还与大仓喜八郎、涩泽荣一共同成立了札幌啤酒公司。

大仓财阀

大仓财阀的起源可以追溯到越后国新发田（现新潟县新发田市）人大仓喜八郎在江户开设的一家干货店“大仓屋”。

庆应三年（1867 年），他创办的“枪炮店大仓屋”开业，并从明治元年（1868 年）开始为新政府军提供武器和粮食。后来，他在贸易中取得了成功，并在明治二十年（1887 年）创立了帝国酒店。此外，他还是东京瓦斯、京都织物公司等企业的股东和委员。大正六年（1917 年），他在银座创立贸易公司“大仓组商会”，该商会最终成为一个财阀。同年创立的大仓组土木就是现在的大成建设集团。

古河财阀

古河财阀起始于京都人古河市兵卫于明治八年（1875 年）创立的古河本店（现为古河机械金属）。

开设古河本店后，他在足尾铜矿的矿山开采中取得成功，推动了公司业务的多元化和现代化，奠定了现在古河集团的基础。

构成古河财阀的主要旗下企业包括古河机械金属、古河电气工业、富士电机、富士通、横滨橡胶、ADEKA、朝日生命保险、瑞穗银行、日本兴亚财产保险、日本农药、关东电化工业、TOHPE、大日电线、三菱电线工业、日本瑞翁、FANUC、UACJ、古河电池等。

大正·昭和时代的财阀

鲇川财阀

鲇川财阀起源于鲇川义介在明治四十三年（1910年）在福冈县远贺郡户畑町（现在的北九州市户畑区）创立的户畑铸物（现在的日立金属）。

鲇川义介来自山口县吉敷郡（现山口市），他创立了户畑铸物。昭和三年（1928年），他接管妹夫经营的久原矿业，将其改名为日本产业（现日产汽车），成功地完成了企业的重建。

后来，他将日立制作所、日产化学、日本油脂、日本冷藏、日本煤矿、日产火灾、日产生命等众多公司纳入麾下，形成了鲇川财阀。

中岛财阀

中岛财阀的前身是日本海军军人中岛知久平创立的飞机研究所。

中岛知久平来自群马县新田郡尾岛村（现群马县太田市）。昭和六年（1931年），他将自己于大正六年（1917年）创办的飞机研究所改组为中岛飞机公司，并努力培育，逐渐将其发展为日本最大的飞机和飞机引擎制造商。虽然中岛财阀在战后被GHQ解散，但富士重工继承了它的历史。

野村财阀

老野村德七在他曾经工作的大弥兑换店解散后，独立开设了野村商店。这就是野村财阀的前身。

老野村德七在明治五年（1872 年）独立，此后，他的长子小野村德七在大正七年（1918 年）创立了大阪野村银行（现理索纳银行），并在大正十四年（1925 年）将证券部门独立出来，创立了野村证券。此后，他们以金融业务为主，将业务扩展到了贸易、保险、工业、纺织等领域。

战争结束时，十大财阀占据了日本经济的三成以上！

这些财阀中除了鸿池财阀外，剩下的财阀被称为“十大财阀”，一直到太平洋战争结束，它们都有着巨大的影响力。

因此，在战后，由于它们“参与了日本的军国化”，所以被接管日本的 GHQ 解散。其目的显然是摧毁支持战前日本富国强兵的经济体制。

从日本偷袭珍珠港到接受《波茨坦公告》的 4 年间（1941 年 12 月至 1945 年 8 月），前文所述财阀中的三井、三菱、住友、安田四大财阀在全国投资额所占比例激增。例如重工业从 18% 增至 32.4%，金融业从 25.2% 增至 49.7%。

另外，在战争结束时，各大财阀在日本经济中所占比重（基于 1945 年时的财阀附属公司总投资额所占的比例）分别为三井（9.4%）、三菱（8.3%）、住友（5.2%）、安田（1.6%）、鲇川（5.3%）、浅野（1.8%）、古河（1.5%）、大仓（1.0%）、中岛（0.6%）、野村（0.5%），共占据日本经济 35.2%。因此，可以毫不夸张地说，战争在一定程度上推动了日本财阀的扩张。

从附属公司总投资额所占的比例来看
十大财阀在日本经济中所占比重（战争结束时间为 1945 年）

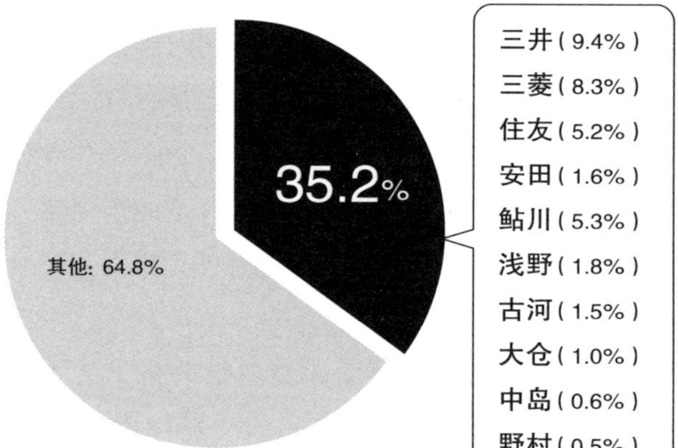

数据来源:《日本财阀及其解体》控股公司整理委员会编

图片内容自上至下，从左往右：

从附属公司总投资额所占的比例来看十大财阀在日本经济中所占比重（1945 年战争结束时），其他为 64.8%，十大财阀占 35.2%。

从GHQ导致的大规模解体到重组和新生

大约80个财团消失，商标使用也遭到禁止

昭和二十年（1945年）10月22日，GHQ发布了“关于主要金融机构及企业的解体和生产备忘录”。为了防止日本财团在处理自身资产时进行暗箱操作，同时限制其解散和清算，文件要求这些机构和企业及时报备业务范围和资本结构等信息。

接到命令后，日本政府设立控股公司整理委员会，并获得了GHQ批准。作为一个以整顿财团为核心的组织，委员会将目光集中到三井、三菱、住友、安田4大财团，以及鲇川、浅野、古河、大仓、中岛、野村、涩泽、神户川崎、理研康采恩、日室康采恩、日曹康采恩11个财团。

昭和二十一年（1946年）9月6日，控股公司整理委员会将三菱、三井、住友、安田和中岛5家公司指定为第一批解体对象，开始解散工作，最终到昭和二十七年（1952年）第五次结束时，大约有80个日本财团被解体。委员会对财团的解散命令相当严厉，内容如下：

① 财团必须解体并立即执行，今后禁止未经许可的商

业交易和资产转让。

② 过去10年中，担任部长以上的人不得共同创建新公司，也不得有2名以上的人被同一公司雇用。

③ 禁止超过100名的员工团体创建新公司。

④ 禁止占用至今为止使用过的办公室。

⑤ 禁止使用商标。

⑥ 编制总资产详细目录并提交给控股公司整理委员会。

根据GHQ发布的财团解体政策，昭和二十二年（1947年）制定了“经济力量过度集中排除法（以下简称集排法）”和“关于禁止私人垄断和确保公正交易的法律（禁止垄断法）”。

财阀家族失去资产，企业也身处存亡边缘

财阀家族也受到了严厉的审查。三井公共信息委员会的主页上写道：

解体政策对于财阀家族而言，无疑是当头一棒。昭和二十二年（1947年）3月13日，包括三井同族的11个家族在内，10大财阀的56个家族被列为“财阀家族”，资产均遭到冻结。所有资产的使用需要GHQ的代理——控股公司整理委员会的同意，就连日常生活费用都需要做好预

算，在得到GHQ的批准后，才能进行结算。他们的每日行动都受到严格监控，还被GHQ告知“不允许过上比普通难民更好的生活”。

就三井家族而言，家族事业开创以来，秉持“身心一致”的理念，随着时代发展，家族资产集中于大元方或合名等统合机构中，“总有制”运营形式已经成为家族传统。到了近代，由于这些资产均由三井集团管理，因此大部分被控股整理委员会没收。

被列为财阀家族时，三井11个家族所拥有的有价证券总额在当时为3.9057亿日元（据说总资产超过5亿日元），相较于其他财阀家族处于绝对领先地位。然而，这些财产在战后股价下跌时被出售，并在社会中广泛流散。

与旗下公司的关系也被完全切断，三井家族失去了自延宝元年（1673年）以来兢兢业业积累的几乎所有的家业和资产。解体政策给各个领域都造成了强烈冲击，其中最大受害者无疑是这些财阀家族。

其他日本财阀的情况也如此。

但是，这些日本财阀并没有一味地忍气吞声。

对于各大财阀而言，财阀解体无疑是对自尊心的沉重打击。更严重的是，这直接威胁到了他们的经营根基，甚至会对公司生存造成致命威胁。

然而，由于日本沦为战败国，处于美国控制下的日本财阀们对于GHQ的决定无力反抗，只能无奈接受解体的命运。

以三菱为例。昭和二十四年（1949 年）7 月，控股公司整理委员会命令三菱将三菱矿业分为煤矿和金属两家公司，其中一家保留下来，另一家成为新公司。虽然两家公司本身并不解体，但是两家公司都不能使用三菱矿业的名称。

面对这一情况，三菱提出了申请，希望将有煤矿业务的保留下来的公司命名为“日新矿业”，将继承矿山业务的公司命名为“太平矿业”。经过艰难的交涉，三菱最终获准使用原公司名。昭和二十五年（1950 年）4 月，两家公司分别以“三菱矿业”和“太平矿业”的名字开启了新的征程。

这种与控股公司整理委员会进行的艰难交涉，并非只有三菱一家经历过。事实上，各大财阀都曾在幕后与控股公司整理委员会进行过激烈的谈判。

接下来，我们将通过一些时间线索追踪三井、三菱和住友的解体过程。

三井财阀的解体

【第一次指定 1946 年 9 月 6 日】

三井本社→解散、清算

【第二次指定 1946 年 12 月 7 日】

东京芝浦电机（今东芝）→分割为东芝泰珂洛（现在

的泰珂洛）、东芝机械、西芝电机、东芝钢管（现在的日铁住金钢管）、昭和电线电缆（现昭和电线控股）等

王子制纸（现在的王子制纸）→分割为苫小牧制纸、本州制纸（现在的王子制纸）、十条制纸（现在的日本制纸）

大日本麦酒→分割为朝日麦酒（现在的朝日集团）和日本麦酒（现在的札幌控股）

【第三次指定 1946 年 12 月 28 日】

三井矿山（现日本焦炭工业）→非铁金属部门以三井金属矿业名义独立

北海道炭矿汽船→分割（现为主要从俄罗斯进口煤炭的专业商社）

三井物产→被分割为 200 多个中小商社，此后重新整合

三井化学工业（现在的三井化学）→后指定解除

三井船舶（现在的商船三井）→后指定解除

三菱财阀的解体

【第一次指定 1946 年 9 月 6 日】

三菱本社→解散、清算

【第二次指定 1946 年 12 月 7 日】

日本邮船→分割

【第三次指定 1946 年 12 月 28 日】

三菱重工业→首先分割为国内三个区域的三家公司，

而后重组

三菱矿业（现为三菱材料）→先被分割为太平矿业和三菱矿业，而后重组

三菱电机→后解除指定

三菱化学工业（现为三菱化学）→被分割为旭硝子和新光人造纤维（现为三菱人造纤维）

三菱商事 → 先被分割为几家中小商社，而后重组

住友财阀的解体

【第一次指定 1946 年 9 月 6 日】

住友本社→解散、清算

【第二次指定 1946 年 12 月 7 日】

大阪商船→分割（后同三井船舶合并，原商船三井）

【第三次指定 1946 年 12 月 28 日】

扶桑金属工业（现为新日铁住金）→鸣海制陶、住友轻金属工业（现为UACJ）、住友精密工业和住友特殊金属（现为日立金属 Proterial Metals, Ltd.）

日本电气→日本电气将其生产电子管的玻璃业务继承给了日本电气硝子

日新化学工业（现为住友化学）→将旗下子公司的股权转让给了控股公司整理委员会

住友电气工业→后解除指定

井华矿业→住友矿业在 1946 年 1 月改名为井华矿业，

但随着财阀解体，其非铁金属冶炼业务被分割出来，成立了住友金属矿山公司（现为住石控股）

商号商标的使用解禁，作为全新的联合体东山再起！

财阀就这样遭到解体，例如被誉为两大商社的三井物产和三菱商事分别被分割成200多家和130多家公司，在日本形成了中小企业群雄割据的局面。不过随着日本战后复兴，各行各业的企业又开始了重新集结。

集结的一大原因是昭和二十五年（1950年）爆发的朝鲜战争。在朝鲜战争的助推下，日本大幅度地扩大出口，然而随着第二年朝鲜战争停战，日本一下子又回归萧条。此时，人们又重新认识到了商社的作用。昭和二十七年（1952年），吉田内阁第四次推出针对商社的强化政策。

同时，商社的组合和合并也在加速推进。进入昭和二十五年（1950年），财阀解散命令放宽，昭和二十七年（1952年），旧财阀的商号使用得以解禁。昭和二十九年（1954年），三菱商社重新成立；昭和三十四年（1959年），三井物产也完成合并。财阀终于踏上了复兴之路。

三菱公共信息委员会官网上写道：

接到解散命令的第三次指定，又接到集排法的指定，免于企业分割的公司也有。

有公司在接受了第三次的解散命令和集排法的指定后，成功避免了分割，这家公司就是三菱电机。三菱电机也曾讨论过分割方案，它们发现实施起来困难重重，例如与其他公司的技术合作问题，分割会导致公司失去作为合同主体的资格。

尽管 GHQ 一再敦促它们尽快提交分割方案，但三菱电机始终心怀公司存亡的危机感。这时候，时代站在了他们那边。由于美苏冷战加剧，对日占领政策也发生了变化，出现了一些缓和，集排法也受到影响，截至昭和二十三年（1948 年）7 月，225 家公司被解除指定。三菱电机也于次年 2 月被解除指定，成功避免了企业分割。

但是好景不长。昭和二十五年（1950 年）1 月，财阀商号使用禁止令和财阀标章使用禁止令颁布。该政令规定：使用三菱、三井和住友的商号商标的各企业，必须在同年 6 月前进行变更，从当年 7 月份开始，未来 7 年内不得使用旧商号商标。面对这个严峻的挑战，三菱、三井和住友三家联手,力图推翻这项政令。它们直接向首相吉田茂上诉，掀起了一场运动。经过首相和 GHQ 的交涉，政令的执行被延期了 2 次，每次 1 年。最终，在昭和二十七年（1952 年）4 月，随着对日和平条约生效，财阀商号等的使用禁止令于 5 月 7 日被正式废止。

三菱电机成功保住了自己的商号和商标。

不过这并不意味着他们回到了战前的财阀模式。如前所述，它们重塑形成了松散的联合体。

如今，当我们提到日本财阀时，首先要说的就是三菱、三井和住友这三大集团。它们各自都有自己的会长会和社长会。

例如，三菱的金曜会、三井的二木会和住友的白水会。三菱的金曜会始于昭和二十九年（1954 年），三井的二木会始于昭和二十五年（1950 年），住友的白水会始于昭和二十六年（1951 年）。这些带着联谊色彩的会实际上成为了财阀复兴的主要动力，同时也象征着各自集团的现状。

接下来，我们将深入探讨这个问题。

“组织的三菱”的金曜会

三菱旗下29家公司高层每月相聚一次的例会

三菱的金曜会是由三菱集团29家公司高管组成的交流会，目前由三菱东京UFJ银行的董事会主席平野信行先生担任代表。

每月第二个星期五都会举行例会，讨论内容主要包括：1. 审议集团共同的社会贡献项目；2. 介绍以三菱冠名的公司；3. 听取来自政治、经济、文化、艺术、科学、技术、健康和体育等各领域人士的演讲。（摘自“三菱金曜会”官网）

金曜会通常在三菱商事总部大楼21楼举行。该楼层只能通过专用电梯到达，设有接待室、酒吧和宽敞的会客厅。会议在大厅的长圆桌上进行。

参加金曜会的人员共有48名，他们都是前文表格中所述的29家公司董事长或总经理。

金曜会例会从中午开始。午餐后，与会者们进行约一个半小时交流和讲座。会议主要目的是维护和提高三菱集团社会信誉，维护和管理三菱文化财产，研究和调查政治、经济和社会问题等。同时，会议上讨论的事项不会约束集团各公司的经营。

不过，当出现可能影响整个三菱集团信誉时，如遇到2016年4月三菱汽车燃油效率造假这类可能产生社会不良影响的问题时，自然会成为会议的主题。

掌管重要事项的“世话人会”

在金曜会中，还有一个叫做“世话人会”的小组。“世话人会”除了三菱集团的三大企业——三菱重工、三菱东京UFJ银行和三菱商社，还会从三菱集团主要的10家公司中选出6家公司轮流参加。这9家公司的高管会在金曜会的例会开始之前在其他地方另行开会。主要的10家公司包括三菱UFJ信托银行、三菱材料、三菱地产、三菱电机、三菱化学、旭硝子、日本邮船、东京海上日动火灾保险、明治安田生命保险、麒麟控股，并且每年都会有2家公司交替更换。

也就是说，在例会开始之前，一些重要事项将由世话人会的9家公司高管先行讨论，之后在金曜会的29家公司参与的例会中进行协商，再做决定，并传达给三菱旗下的5600家公司。

保护商标的委员会和管理公共信息的委员会

金曜会的成员同时也是三菱社名商标委员会的成员。成立三菱社名商标委员会的目的如下：

1. 恰当使用与管理商号和商标；

2. 针对对商号和商标的不正当使用采取措施；

3. 完成前两项工作所需的信息交换，以及对相关制度的研究和调查。

该委员会设有一个名为“三菱商标沟通会”的子机构。该机构会在每月的第一个星期五审查并决定商号、企业标志和商标的使用申请，这充分体现了三菱对其品牌名称和三钻标志的重视。

此外，三菱集团还设有一个名为“三菱公共信息委员会”的机构，它成立于 1964 年，旨在促进三菱集团成员间的交流和启发，同时努力维护和提升广泛的社会信任，并为社会做出贡献。此委员会的工作内容包括发行三菱集团的公共信息杂志和宣传册、运营集团公共信息中心的运营、通过社会贡献推动国际文化交流，以及举办讲座等活动。目前，参与三菱公共信息委员会的公司达到了 40 家。

守护三菱品牌的机构的力量

《钻石周刊》（2016 年 1 月 30 日）曾用一个有趣的比方描述了三菱金曜会的结构，它将三菱重工业、三菱东京 UFJ 银行和三菱商事比作联合国中具备发言权的“常任理事国”，而后续轮流进入世话人会的 10 家公司，则相当于“非常任理事国”。也就是说，金曜会的世话人会是代表三菱集团的决策机构。

另外，前文提到的金曜会会长是三菱东京 UFJ 银行的平野信行董事会主席，实际上，世话人会的代表也由他担任。

金曜会的秘书处有十几名常驻工作人员，其下设有一个“月曜会”。在每个月的第三个星期一，金曜会 29 家公司总务部长会出席月曜会，他们或是跟进金曜会的决议事项，或是处理金曜会上的咨询事项等。

从某种意义上说，金曜会秘书处实际上是金曜会世话人会的实际执行部队，也是保护三菱品牌的核心力量。

这种组织结构，正是“组织的三菱”这个称呼的精髓所在。

“人的三井”的二木会

是一个比三菱的金曜会还要松散的组织？

三井集团的御三家[1]是指三井不动产、三井物产和三井住友金融集团（原三井银行，现三井住友银行）。

所谓的二木会由三井集团26家公司高管组成。据说，因为他们每月第二个星期四聚会，所以得名二木会。其中，三井不动产、三井物产、三井住友金融集团这三家公司是主要执行公司，会员公司共有16家。

毫无疑问，二木会对三井集团的形成起到了重要作用。但是，根据三井公共信息委员会官网上的信息可知，尽管二木会被视为三井系企业的领导机构，但它主要是一个联谊和学习的信息交换平台，以及在集团内部建立联系的平台，而不是全集团的决策机构。

确实，相较于三菱的金曜会，二木会的例会出席更为自由，似乎是一个十分松散的组织。另外，一家公司要加

[1] 御三家：原指江户幕府时代除德川将军家外拥有征夷大将军继承权的尾张德川家、纪州德川家、水户德川家三支旁系分家（德川御三家）。现可指某一领域内的“三大……”，例如此处即指三井集团旗下实力最为雄厚的三家企业。

入二木会，需要满足诸多必要条件，例如要通过干事会的入会审查，资本金要超过 10 亿日元、员工要超过 100 人、成立时间要超过 3 年、要有公司推荐等。

旨在重组三井集团的“月曜会”

即便如此，成立二木会也经过了漫长岁月。二木会成立于昭和三十六年（1961 年）10 月 12 日。但实际上，在此之前还有一些早期活动，那就是“月曜会”。首先，我们来回顾一下它的历史。自 1947 年财阀解体后，和其他财阀一样，三井财阀也变得支离破碎，例如前文曾提到过，旧三井物产员工创建的公司就超过了 200 家。在这种情况下，三井、三菱和住友三大集团开始开展运动，抗议 GHQ 禁止使用财阀商号商标的政令，试图保护自己的商号。此时，作为三井集团内开展运动的主要团体——“月曜会”，于昭和二十五年（1950 年）2 月 27 日成立。

“月曜会”的名称来源于其成立的那天是星期一。目前，仍有 79 家公司参加“月曜会”，在东京霞关大厦内的“月曜会俱乐部”等地举行例会。三井集团计划以此会为核心，推动集团在战后的重组（大合并）。

GHQ 占领结束后的昭和二十七年（1952 年）迎来转机。

三井、三菱、住友三个集团的努力取得了成效，GHQ

的解散指令被解除，财阀的商号和商标使用禁令也被废止，集团终于可以再次使用“三井物产”这个名字。到了昭和二十八年（1953年），三井不动产的常务江户英雄（后来的总裁）和三井建设的社长星野靖之助等人，联合发行了包括三井集团各公司的报纸《三友新闻》。

同时，旧三井物产系的第一物产、第一通商、室町物产和日本机械贸易这4家公司的业绩都在提升。大家期望以第一物产为中心进行合并，重新启用“三井”这个名字的时机也越来越成熟。昭和二十九年（1954年），竞争对手三菱商事完成了大合并。于是，三井集团各个公司中也自然而然地发出呼声，希望早日完成“三井物产大合并”。毕竟，直到战争结束，三井都是日本最大的财阀，不能一直走在三菱的后面。然而，三井物产的大合并实行起来并不容易。

三井物产完成大合并前的艰险历程

实际上，昭和二十七年（1952年），在曾于太平洋战争时期领导三井财阀的向井忠晴（旧三井物产会长）的号召下，旧三井物产系14家公司老板们共聚一堂，商讨如何实现大合并。那时，他们同意在实现大合并之前，将“三井物产”的商号暂时寄存在其中一家名为“日东仓库建物”

的公司里。但是，日东仓库建物立即将商号变更为了“三井物产”。

日东仓库建物的目的显然是想将“三井物产”的商号据为己有，这有些类似于所谓的“政变”。

旧三井物产的相关人士知情后非常愤怒，于是他们采取了一些对抗手段。

三井银行提出的4家公司合并方案也未能实现。因此，他们决定首先将第一物产、第一通商、日本机械贸易这3家公司合并。于是，3家公司便以“第一物产”的名义完成了合并。结果，从昭和二十七年（1952年）成立时开始，第一物产的交易额在国内一举拔得头筹。

另外，三井物产（原日东仓库建物）在昭和二十八年（1953年）与室町物产完成合并后，坚决不愿意参与大合并。因此，第一物产和三井物产的和解并未实现。据说，隐藏在背后的原因是向井忠晴和旧三井物产的代表董事石田礼助之间的派系斗争。或者，以三井银行总裁佐藤喜一郎等人为代表，三井集团内部出现了很多反对重组物产的声音。此外，世人拿三菱商事迅速推进大合并的举措作比较，嘲笑三井相比于“组织的三菱”，崇尚自由主义的“人的三井”的弱点暴露无遗。

昭和三十一年（1956年），由旧三井财阀系的集团公司组成的三井商号商标保全会成立。这是为了管理和保护“井格三”的标志。他们想尽可能地保护三井的商号和商标，因为这是三井集团的共同财产。

然后，旧三井财阀系集团公司的高级管理人员和老前辈们也加入进来，并致力于说服第一物产和三井物产（原日东仓库建物）合并。

这个三井商号商标保全会现在仍然存续，其主席是三井不动产，管理着 200~300 家公司的商标。

新生的“三井物产”诞生后，二木会成立

他们的努力在 1958 年得到了回报。

旧三井财阀系集团旗下主要 12 家公司的社长们发表声明，称“如果合并实现，三井系各公司将全面支持新的三井物产”。接受这个声明后，在同年 8 月，第一物产总裁新关八洲太郎和三井物产（原日东仓库建物）总裁平岛俊朗就合并事宜举行了签字仪式。次年的昭和三十四年（1959 年），新的“三井物产”终于通过 1 ：1 的平等合并诞生了。

也就是说，从法律上而言，旧的三井物产和现在的三井物产之间不存在连续性，新的三井物产是一个全新的公司。从 GHQ 的解散指令开始算，已经过去了 12 年，比三菱商事的大合并晚了 4 年多。

上文已经提到过，二木会成立于 1961 年，也就是新的“三井物产”诞生后的第二年，它作为由三井集团 18 家公

司的高管组成的经理会正式成立。

除了每月例会外，二木会还会在三井家的菩提寺真如堂（京都市）举行为已故员工祈祷的法会等重要活动。此外，还有后文提到的在纲町三井俱乐部举办的“新年互礼会”和“勋章·奖章获得者祝贺会”，它们是二木会和月曜会联合组织的活动，集团的管理层会齐聚一堂。

为了使三井集团的各个公司团结起来，通过各种文化和公关活动为国际交流和地区社会活动作贡献，同时也为社会的繁荣和福祉作贡献，提升三井集团的形象，三井集团在昭和四十七年（1972 年）设立了“三井公共信息委员会”。现在有 25 家公司参与其中（包括未参加二木会的公司）。此外，三井在 1978 年设立了“三井业际研究所”，其目的是在三井集团中发挥作为跨行业领域的知识集团的作用，目前有 31 家集团公司参加。

此外，还有象征着集团的“纲町三井俱乐部”。这栋建筑物于大正二年（1913 年）建造，作为三井财阀的迎宾馆使用。现在其仍作为三井集团 30 家会员企业专用的俱乐部使用。

专栏：深仇大恨？丰田作为二木会观察员的理由

为什么丰田会成为二木会的观察员呢？要了解其中原

因，我们必须将时针拨到昭和二十四年（1949 年）年底。

昭和十二年（1937 年），丰田创办“丰田汽车工业”，以期成为一个真正的汽车制造商。不过，丰田的发展并非一帆风顺。那时候人们一直视其为生产二三流汽车的制造商。

战后经济困难并未退去。在昭和二十四年（1949 年）的道奇路线[2]（金融紧缩政策）的影响下，丰田陷入破产边缘。

此时日本银行为了救助丰田，主导创建了一个银行团。

当时，丰田的主要往来银行——住友财阀系的大阪银行（当时，随着财阀解体，住友银行改名为大阪银行）以“我们宁可借给工房，也不借给铁匠”为由，断然拒绝帮助丰田。不仅如此，大阪银行还中断了与丰田的交易，并开始收回贷款。站在丰田的角度，当时肯定一肚子火。

此外，三菱财阀旗下的千代田银行（当时，由于财阀解体，三菱银行改名为千代田银行）也拒绝融资。

最后，以三井财阀系的帝国银行（由于财阀解体，三井财阀系的帝国银行解散为第一银行和帝国银行）和东海银行为核心的 24 家银行组成的银行团完成了对丰田的救助。

丰田不可能忘记那一段历史。

---

[2] 道奇路线：道奇计划是第二次世界大战后初期，美国占领军当局为稳定日本经济、平衡财政预算、抑制通货膨胀而制订的计划。

所以，丰田不仅加入了二木会，还加盟了三井业际研究所和纲町三井俱乐部。

昭和三十九年（1964年），王子汽车（现在的日产汽车）陷入经营危机。“我们是铁匠，这可能不太方便”，丰田拒绝了其主要来往银行——住友银行抛来的救助橄榄枝。另外，丰田曾在其海外业务中与东京银行存在往来。平成八年（1996年），随着东京银行并入三菱银行，丰田才与三菱银行开始业务往来。丰田的恨意就是这么深。

“团结的住友”的白水会

住友家族的历史比罗斯柴尔德家族还要悠久

集团的核心由住友商事、住友电气工业和日本电气股份有限公司（NEC）三大公司构成。三井住友银行、住友金属工业和住友化学虽然曾经被誉为住友的御三家，但自从平成二十四年（2012 年）住友金属工业与新日本制铁合并为新日铁住金后，该公司便退出了住友集团。还有 4 家总部均位于爱媛县新居浜市的公司——住友金属矿山、住友化学、住友重机械工业和住友林业，它们也被称为“新居浜 4 公司”。

如前所述，住友集团的历史悠久。在室町幕府时代，曾在足利将军家任职的住友忠重的后代——住友政友，于 17 世纪的宽永年间（1624—1645 年）在京都开设了一家售卖书籍和药品（返魂丹）的店铺。另一个重要的历史事件发生在天正十八年（1590 年），政友的姐夫苏我理右卫门在京都开设了一家主营铜吹（铜精炼）和铜制品加工的店铺（店名：泉屋）。他从南蛮人那里了解到一种从粗铜中分离银的精炼技术，经过研发后，将其命名为“南蛮吹”。

随后，他的长子，也是作为政友的女婿入赘住友家的住友友以迁入大坂，与理右卫门共同奠定了作为“南蛮吹宗家”的基础。这就是住友家族的起源。也就是说，住友家族的历史可以追溯到400多年前。相比之下，由于世界上实力最雄厚的财阀家族——罗斯柴尔德家族的创始人迈尔·阿姆谢尔的生卒年为1744—1812年，所以住友家族的历史更加悠久。在某种意义上，住友无疑是世界上最为古老的财阀之一。

住友家族起初主要依赖重化工业发展，到太平洋战争结束时，他们拥有120家公司的公称资本金总额达到了惊人的100亿日元，其中，住友总公司在日本重化工业部门实收资本金比率中占据的份额高达87%。然而，战后由GHQ实施的财阀解体政策使住友家族陷入前所未有的危机。由于住友的直系企业几乎全部被日本政府指定为军需工厂，因此受到了GHQ的严格审查。雪上加霜的是，由于旗下大部分工厂在美国空袭中遭受重创，因此住友家族事业的全面复兴也面临着巨大的困难。

比其他财阀更早致力于集团的团结

面对这种紧急情况，住友秘密成立了由直属公司（包括化学、金属、矿山、银行、信托、生命、电工、机械、电气、仓库、煤炭、日本建设产业）的总经理组成的白水会，这是先于三井、三菱等其他财阀的行动。

通过这种方式，住友确立了集团领导体制，并试图统一集团的团结意识。这就是人们称住友集团为“团结的住友”的原因。在成立初期，白水会每年举行春秋两次会议，但到了昭和二十年（1945 年）年底，其存在开始为人所知，会议也变为每月 1 次。在古田俊之助（第 7 代住友合资公司总理事）、土井正治（前住友化学会长）、田路舜哉（前住友商事会长）等人的提议下，白水会的存在于昭和二十六年（1951 年）4 月正式公开。白水会的名字来自当时大阪银行（住友银行）的总裁铃木刚的提案。由于住友家以“泉屋”为名开始经营铜业，因此将“泉”拆分为上下两部分后，就得到“白水”之名。

通过公共信息委员会宣传集团活动

与三菱集团、三井集团一样，住友集团也设有公共信息委员会，它创办于昭和三十三年（1958 年）。为了通过广告宣传得到社会对企业集团的信任和好感，住友成立了“住友 PR 研究会”，后来依次改名为“住友 PR 部会”（1962 年）、“住友集团 PR 委员会”（1969 年），从昭和五十五年（1980 年）开始，改名为“住友集团公共信息委员会”并沿用至今。

关于成立该委员会宗旨，其官方网站上写道：“在400年历史的培育下，保有住友独特的‘企业理念和企业文化’的住友各公司，希望通过作为企业集团开展公关活动，提升社会对住友集团的信任感，打造同社会更好更和谐关系。”

加入住友集团公共信息委员会的公司共计33家，其中除了白水会的19家，还有以下14家公司，它们分别是：三井住友信用卡、住友建机、住友精化、住友精密工业、住友电设、住友电装、日本综合研究所、三井住友融资租赁、SMBC Friend证券、SCSK、住友理工、日新电机、明电舍以及住友三井Auto Service。

另外，住友集团还设有一个叫做“住友家议事会”的组织，但它只负责旧住友总公司的宗家“住友家”的全面运营问题，而不会插手住友系旗下各企业的经营问题。

专栏：住友的社会回馈精神和团结力挽救了“安宅收藏”

“团结的住友”之所以名扬天下，是因为曾经发生的安宅产业破产事件。

上文曾经提到过，住友是一个以重化学工业为主的财阀，并未设立过商社，这是因为住友的第三代总理事铃木马左曾于大正十年（1921 年）发表过禁止设立商社宣言。

然而，在昭和二十年（1945 年）11 月，住友匆忙在其房地产和建筑公司“住友土地工务”设立了商务部门，并以“日本建设产业”的名义开启了商社业务。对此，住友商社在官方网站上作出了如下解释：

“太平洋战争结束时，住友总部最后一代总理事古田俊之助认定财团解体是必然的。于是，他提出了以下战略（1）整顿各类过度扩张的业务，防止人才流失。同时，为了尽可能为每个人提供工作，需要策划新的业务。（2）充分援助海归人员和他们的家庭。（3）在尽可能保留住友业务的前提下进行转换，以便为民族和国家的繁荣做出贡献。这是他在困难中做出的决定，即进军商务部门。”

也就是说，住友为那些因为财阀解体而失业的总部员工和从海外归来的员工设立了商社。商社共有 32 人，一个完全由新手组成的团队正式起步。

虽然与三菱商事（成立于 1918 年）和三井物产（成立于 1876 年）相比，成立之初的住友商事规模较小，但其在昭和二十五年（1950 年），就向印度孟买派遣了首位常驻员工，又于昭和二十七年（1952 年）在纽约设立了美国分公司，并将公司名改为“住友商事”，名副其实地作为住友集团的一员，扩展了自己的业务范围。

安宅产业和住友商事的合并谈判首次被提出是在昭和四十一年（1966 年）。

安宅产业从战前到战后一直是官营八幡制铁所的 4 家指定批发商之一（三井物产、三菱商事、岩井商店和安宅产业），也是日本 10 大综合商社的一员，与住友财团有着亲密的关系。战后，在新业务失败的影响下，安宅产业的经营状况出现恶化。在其主要来往银行住友银行的主导下，安宅产业与住友商事的合并谈判虽然有了新进展，但还是以失败告终，原因是安宅和住友的企业文化差别过大。

昭和五十年（1975 年），安宅产业在加拿大的炼油厂项目在石油危机后破产，于昭和五十二年（1977 年）10 月被伊藤忠商事株式会社合并。

结果，日本的综合商社被重新调整为三菱商事、三井物产、伊藤忠商事、丸红、住友商事、日商岩井、东棉、日绵实业和兼松江商九大商社。

那时，安宅产业的创始人安宅英一利用公司资金购买的个人美术品也计划作为资产处置。时任住友银行行长矶田一郎不忍这些美术品分散和流向海外，便呼吁住友集团各公司捐款，将这些美术品捐赠给大阪市，从而阻止了这批宝贵文化遗产的流失。

这正是对住友的事业精神之一——“回馈社会”的一次实践，而“住友的团结力”在其中发挥了重大作用。

第二章

深入比较三大财阀的经营能力

三菱集团——金曜会的实力

金曜会成员企业 29 家，总销售额约 560000 亿日元！

由三菱集团核心企业组成的金曜会一共有 29 家成员企业。如果简单地将这些公司的销售额相加，那么总计将达到 563250 亿日元（2015 年度），不妨称之为“560000 多亿日元”吧，这大约是丰田汽车销售额的两倍。

不过，关于这个“560000 多亿日元”，有一些需要解释的地方。

对于加入金曜会的公司，如果它是控股公司或金融集团（在三井和住友集团被称为“金融集团”）的子公司，则会根据控股公司的数据计算，三井集团的二木会和住友集团的白水会也是如此，而隶属于德国奔驰集团的三菱扶桑卡客车则使用了估值。因此，此处的“560000 多亿日元”与金曜会 29 家成员企业的实际经济规模多少有些差距。

三菱集团的总销售额
（金曜会成员29家公司总销售额563250亿日元）

40468亿日元	三菱重工业
69255亿日元	三菱商事
57144亿日元	三菱东京UFJ银行 三菱UFJ信托银行 三菱UFJ证券HD
42765亿日元	明治安田生命保险
45790亿日元	东京海上日动火灾保险
43943亿日元	三菱电机
38230亿日元	三菱化学 三菱人造纤维 三菱树脂
14178亿日元	三菱材料 三菱铝业
5935亿日元	三菱瓦斯化学
393亿日元	三菱化工机
22678亿日元	三菱汽车
1065亿日元	三菱制钢
2163亿日元	三菱制纸
8229亿日元	尼康
13262亿日元	旭硝子
87378亿日元	JX HD
21969亿日元	麒麟HD
10094亿日元	三菱地所
2068亿日元	三菱仓库
853亿日元	三菱综合研究所
960亿日元	三菱建设
22723亿日元	日本邮船
4698亿日元	日邮物流
7000亿日元	三菱扶桑卡客车

※各公司的数值是合并销售额。如果设立了控股公司，则使用控股公司的数值。日邮物流的销售额本应包含在母公司日本邮船的合并销售额中，但由于它是上市公司，所以将其纳入了统计对象。三菱扶桑卡客车的数值是估计值。

首先，这 29 家公司各自都有自己的集团，因此它们都进行了集团财务报告，即合并结算，而合并结算的主要原则是要排除集团内部的交易。这是为了反映出集团的真正实力。

例如，当母公司从子公司购买商品或子公司从母公司采购商品时，其中产生的销售额和采购额都将不予计算。因此在实际业务中，通过简单合计集团各公司的销售额和采购额后，集团内部关联交易就会抵消。

金曜会的三菱商事、二木会的三井物产以及白水会的住友商事这三家综合商社都引入了国际会计准则[3]。因此，这三家综合商社的总销售额都是基于手续费的计算。

如果以交易总额计算综合商社的总销售额，那么各商社的总销售额将是现在的 3~4 倍。三菱商事曾经公开过一份财务报表，其中的总销售额已经超过了 200000 亿日元。

考虑到这些因素，金曜会 29 家公司的总经济规模，可能超过 1000000 亿日元。

金曜会的销售额超越了全球最大的零售商沃尔玛

在本书中，我曾提到金曜会的 29 家成员企业总销售额

[3] 国际会计准则：国际会计准则（International Accounting Standards, IAS）是由国际会计准则委员会制定并公布的会计一般规范。其目的是促成国际范围内的会计行为的规范化。

为 560000 多亿日元，接下来，我们将逐一查看每家公司的销售额。此外，我们将用“HD”代表“Holdings（控股）”，用“FG”代表“Financial Group（金融集团）”。

石油和非铁金属公司 JXHD 的销售额为 87378 亿日元。该公司计划与同行业的东燃通用石油完成经营整合，一旦实现，销售额将超过 100000 亿日元。

三菱商事和三菱重工业的销售额分别为 69255 亿日元和 40468 亿日元。

另外，三菱制纸和三菱制钢的销售额分别为 2163 亿日元和 1065 亿日元。建筑公司三菱建设的销售额为 960 亿日元。而主营城市燃气、石油相关设备建设等工程业务及船舶引擎清洁设备等的三菱化工机的销售额为 393 亿日元。

也就是说，销售额从将近 90000 亿日元到不足 400 亿日元的公司都有。那么，金曜会 29 家成员企业超过 560000 亿日元的总销售额意味着多大的规模呢?

销售额 560000 亿日元，几乎等同于丰田汽车加上德国大众的总销售额。与中国石化、中国石油、荷兰皇家壳牌以及美国埃克森美孚等全球石油巨头相比，也多了 200000 亿日元。与制造业中的美国苹果、韩国三星电子、美国通用电气等驰名世界的制造商相比，金曜会的销售额同样遥遥领先。全球销售额最高的企业是日本西友百货的母公司沃尔玛。沃尔玛在全球经营着超过 1 万家的超市和折扣店。按照 1 美元 =110 日元的汇率计算，其销售额为 530343 亿日元。

由此可知，金曜会 29 家成员企业的总销售额也超过了沃尔玛。因此，金曜会在全世界范围内都可以算得上是一个顶级的企业集团。

金曜会的总资产约为 4130000 亿日元！

与销售额一样，我们也来看看反映企业规模的另一个指标——总资产。

金曜会成员三菱东京 UFJ 银行、三菱 UFJ 信托银行和三菱 UFJ 证券 HD 这三家金融公司的母公司都是三菱 UFJFG，其总资产达到了 2980000 亿日元。

对银行而言，客户的存款是一种负债，因为它们需要随时偿还。相反，面向企业等的融资和住房贷款等贷款资金会计入资产。包括这些贷款在内的资产接近 3000000 亿日元。

三菱 UFJFG 的总资产超过了旗下拥有日本邮政储蓄银行和简保生命保险的日本邮政约 2920000 亿日元，在日本排名第一。这一数字虽然不及中国工商银行的 3700000 亿日元和中国建设银行的 3050000 亿日元，但其超过了摩根大通、美国银行和花旗集团等美国公司。可以说三菱 UFJFG 的资产规模在世界上也是屈指可数的。

代表日本的三大财阀在世界上的地位

三菱集团
（金曜会）
总销售额563250亿日元

三井集团
（二木会）
总销售额409668亿日元

住友集团
（白水会）
总销售额329456亿日元

〈零售商〉
沃尔玛（美国）
销售额530343亿日元

〈石油公司〉
中国石油化工集团（中国）
（中国石油）
销售额335120亿日元

〈石油公司〉
中国石油天然气（中国）
（中国石化）
销售额286416亿日元

〈石油公司〉
荷兰皇家壳牌（英\荷）
销售额317303亿日元

〈石油公司〉
埃克森美孚（美国）
销售额295770亿日元

〈石油公司〉
英国石油（英）
销售额248580亿日元

※同整合的BP集团的简单合计

〈汽车制造商〉
丰田汽车
总销售额284031亿日元

〈汽车制造商〉
大众（德国）
销售额266615亿日元

〈电子设备制造商〉
苹果（美国）
销售额257086亿日元

〈电子设备制造商〉
三星电子（韩国）
销售额180588亿日元

〈重电设备制造商〉
通用电气（美国）
销售额129124亿日元

〈电子设备制造商〉
日立制作所
销售额100343亿日元

以三菱 UFJFG 为首，明治安田生命保险为 390000 多亿日元，东京海上日动火灾保险约为 220000 亿日元（实际上是东京海上 HD 的数值），三菱商事约为 150000 亿日元等，金曜会成员企业的总资产接近 4130000 亿日元。

截至 2014 年 3 月末，日本的资产负债表（Balance Sheet）中的资产总额为 6520000 亿日元，金曜会的总资产约占其中的 63%。

东京丸之内是“三菱村”，土地资产约 60000 亿日元！

在金曜会成员企业约 4126354 亿日元的总资产中，土地资产达到多大规模呢？

主营房地产事业的三菱地所被称为东京丸之内的房东，其土地资产为 19554 亿日元。

其中，大手门塔（Otemon Tower）为 1030 亿日元、新丸之内大楼为 978 亿日元、丸之内公园大楼三菱 1 号馆为 857 亿日元。

如果将整个建筑的资产价值也考虑在内，按照从高到低的顺序为①新丸之内大楼 1351 亿日元；②丸之内公园大楼三菱 1 号馆 1329 亿日元；③大手门塔 1258 亿日元；④丸之内大楼 1042 亿日元；⑤ Shinjuku Eastside Square 为

三菱集团的总资产额
（金曜会成员29家公司总资产4126354亿日元）

总资产	公司
54917亿日元	三菱重工业
149162亿日元	三菱商事
2983028亿日元	三菱东京UFJ银行 三菱UFJ信托银行 三菱UFJ证券HD
391642亿日元	明治安田生命保险
218553亿日元	东京海上日动火灾保险
40599亿日元	三菱电机
40615亿日元	三菱化学 三菱人造纤维 三菱树脂
17933亿日元	三菱材料 三菱铝业
7395亿日元	三菱瓦斯化学
412亿日元	三菱化工机
14337亿日元	三菱汽车
1224亿日元	三菱制钢
2411亿日元	三菱制纸
9458亿日元	尼康
19912亿日元	旭硝子
67246亿日元	JX HD
24437亿日元	麒麟HD
53118亿日元	三菱地所
4132亿日元	三菱仓库
670亿日元	三菱综合研究所
690亿日元	三菱建设
22447亿日元	日本邮船
2004亿日元	日邮物流
	三菱扶桑卡客车

※各公司的数值是合并总资产额。如果设立了控股公司，则使用控股公司的数值。日邮物流的数值本应包含在母公司日本邮船的合并数值中，但由于它是上市公司，所以将其纳入了统计对象。三菱扶桑卡客车未纳入统计。

946 亿日元。

东京丸之内别名“三菱村”。因此，这里并非只有三菱地产的总部。在丸之内设立总部的还有三菱商事、三菱电机、日本邮船和三菱瓦斯化学。形成集团的三菱化学、三菱人造纤维和三菱树脂这 3 家公司以及其母公司三菱化学 HD，也都位于丸之内。三菱东京 UFJ 银行等各家金融企业，以及作为这些企业母公司的控股公司的总部都设在丸之内。

与丸之内区相邻的大手町是 JXHD 和三菱材料的总部所在地。其余的公司离东京站附近三菱村很远。例如，三菱化工机以及德国奔驰旗下的三菱扶桑卡客车两家的总部设立在神奈川县川崎市。

这些金曜会成员企业的土地资产总额为 59492 亿日元。除了三菱地产，JXHD 和金融集团也是持有土地的企业。

这一接近 60000 亿日元的数字和 2016 财年财务预算的公共事业费用 59737 亿日元相当，几乎等于东京电力 HD（60699 亿日元）或 Seven & I HD（60457 亿日元）的销售额。

另外，从企业层面来看，三菱地产并非日本持有土地最多的公司。财务报表上记录的土地价值最高的公司居然是铁路公司 JR 东海（23562 亿日元），主要包括铁路用地（13218 亿日元）和停车场用地（7874 亿日元）。与三菱地产不同，虽然 JR 东海的土地并不直接创造收入，但拥有

日本的资产负债表

现金存款	186000亿日元	公债	8550000亿日元
有价证券	1293000亿日元	其他	2873000亿日元
未收款等	119000亿日元		
预付费用	13000亿日元		
贷款	1379000亿日元	负债总计	11431000亿日元
运用托管金	1048000亿日元		
坏账准备金	△23000亿日元	资产·负债差额	△4904000亿日元
有形固定资产	1777000亿日元		
无形固定资产	2000亿日元		
出资金	663000亿日元		
其他	69000亿日元	负债及资产·负债差额总额	
资产总计	6527000亿日元	6527000亿日元	

注：△表示负数

金曜会加盟公司单纯合计资产负债表

土地	59492亿日元	有息负债	171040亿日元
现金存款	556755亿日元	其他	3511006亿日元
有价证券	1209231亿日元		
其他	2300876亿日元	负债总计	3682046亿日元
		盈余公积	215754亿日元
		实收资本等其他	228554亿日元
		净资产总计	444308亿日元
		负债·净资产总计	
资产总计	4126354亿日元	4126354亿日元	

超过 20000 亿日元的土地资产着实令人惊讶。此外，JR 东日本（20025 亿日元）和住友不动产（23177 亿日元）的土地资产也超过了三菱地产。

积累的内部留存是健全经营的证明

财务报表上有一个叫做盈余公积的项目。它是指企业从创立以来积累的利润，也称为内部留存。关于内部留存，有人主张应该将其分批取出作为加薪的本金。但内部留存并非全都以现金或存款的形式留存，因此，上述主张并不现实。其实，它更像是一个直接反映公司历史经营状况的指标。

例如，截至 2016 年 3 月，丰田汽车的盈余公积为 167942 亿日元的黑字。另外，夏普是 1236 亿日元的亏损。而东芝因为 7087 亿日元的巨额亏损（净亏损）陷入困境，前期的盈余公积从 3832 亿日元的盈收转为 767 亿日元的亏损。当处于“资产 < 负债和净资产”时，即资不抵债的状态时，企业就会面临破产危机。盈余公积的赤字可以看作是进入这种资不抵债状态的危险信号。

而金曜会的所有 29 家公司的盈余公积都是盈利状态，可谓相当稳健。

三菱集团的土地资产额

金曜会成员29家公司 土地资产59492亿日元

- 1978亿日元 三菱重工业
- 705亿日元 三菱商事
- 7301亿日元 三菱东京UFJ银行 三菱UFJ信托银行 三菱UFJ证券HD
- 6174亿日元 明治安田生命保险
- 1209亿日元 东京海上日动火灾保险
- 1135亿日元 三菱电机
- 3048亿日元 三菱化学 三菱人造纤维 三菱树脂
- 2686亿日元 三菱材料 三菱铝业
- 381亿日元 三菱瓦斯化学
- 11亿日元 三菱化工机
- 917亿日元 三菱汽车
- 61亿日元 三菱制钢
- 225亿日元 三菱制纸
- 156亿日元 尼康
- 978亿日元 旭硝子
- 9477亿日元 JX HD
- 1675亿日元 麒麟HD
- 19554亿日元 三菱地所
- 743亿日元 三菱仓库
- 7.2亿日元 三菱综合研究所
- 88亿日元 三菱建设
- 725亿日元 日本邮船
- 167亿日元 日邮物流
- 三菱扶桑卡客车

※各公司的数值是合并土地资产额。如果设立了控股公司，则使用控股公司的数值。日邮物流的数值本应包含在母公司日本邮船的合并数值中，但由于它是上市公司，所以将其纳入了统计对象。三菱扶桑卡客车未纳入统计。

金曜会的盈余公积总额约为210000亿日元!

请各位再看看63页金曜会成员企业的单纯合计的资产负债表，可以看到在净资产的部分写有“盈余公积215754亿日元”。67页表格显示的是各企业的具体数字。

虽然无法与接近170000亿日元的丰田汽车相提并论，但拥有三菱东京UFJ银行、三菱UFJ信托银行、三菱UFJ证券HD等子公司的三菱UFJFG的盈余公积约为86000亿日元。三菱商事的盈余公积超过30000亿日元。东京海上日动火灾保险的母公司东京海上HD以及三菱电机、三菱重工业的盈余公积都在10000亿日元左右。

在2006年3月，三菱汽车的亏损为7491亿日元，但时至2016年3月，已经盈利约5000亿日元。这是三菱重工业、三菱商事、三菱UFJFG等一众企业强力支持下的结果。然而，由于2016年曝光的轻型汽车燃油效率数据造假问题，三菱汽车未来可能会被合并至日产汽车。在金曜会的成员公司中，继三菱扶桑卡客车之后，三菱汽车在资本上将脱离三菱集团。

三菱集团的盈余公积

金曜会成员29家公司 盈余公积215754亿日元

公司	盈余公积
三菱重工业	11730亿日元
三菱商事	32259亿日元
三菱东京UFJ银行 三菱UFJ信托银行 三菱UFJ证券HD	85875亿日元
明治安田生命保险	5060亿日元
东京海上日动火灾保险	15310亿日元
三菱电机	14363亿日元
三菱化学 三菱人造纤维 三菱树脂	5494亿日元
三菱材料 三菱铝业	3030亿日元
三菱瓦斯化学	3112亿日元
三菱化工机	74亿日元
三菱汽车	4885亿日元
三菱制钢	443亿日元
三菱制纸	74亿日元
尼康	3887亿日元
旭硝子	6638亿日元
JX HD	4652亿日元
麒麟HD	5457亿日元
三菱地所	6001亿日元
三菱仓库	1722亿日元
三菱综合研究所	262亿日元
三菱建设	89亿日元
日本邮船	4704亿日元
日邮物流	623亿日元
三菱扶桑卡客车	

※各公司的数值是合并土地资产额。如果设立了控股公司，则使用控股公司的数值。日邮物流的数值本应包含在母公司日本邮船的合并数值中，但由于它是上市公司，所以将其纳入了统计对象。三菱扶桑卡客车未纳入统计。

税收负担额约为10000亿日元！相当于法人税预算的8%

金曜会成员企业的税收负担额是多少呢？

2015财年，企业规模巨大的三菱商事、JXHD、麒麟HD都陷入亏损。因此，它们需要承担的法人税、居民税和事业税等税款有所减少。例如，三菱商事在2014年纳税1683亿日元，2015年为398亿日元，前后减少1000多亿日元。

此外，三菱电机作为集团的税款为526亿日元，但母公司单独的纳税额还不足17亿日元。

即便出现了这些情况，金曜会成员企业的纳税总额仍然达到了10996亿日元。虽然这些税款并非都在国内缴纳，但这个金额占到了2016财年一般会计法人税预算120000亿日元的8%。

从单独的企业层面而言，旗下拥有三菱东京UFJ银行、三菱UFJ信托银行、三菱UFJ证券HD等子公司的三菱UFJFG，以4248亿日元的纳税额处于断层第一，占金曜会纳税总额的近四成。

在金曜会的直接成员公司中，三菱东京UFJ银行为3229亿日元，三菱UFJ信托银行为635亿日元，三菱UFJ证券HD为355亿日元。

东京海上日动火灾保险公司本身的税收负担为919亿日元，不过，表格中计算的母公司东京海上HD的纳税额

三菱集团的法人税纳税额

（金曜会成员29家公司 法人税等10996亿日元）

503亿日元	三菱重工业
398	三菱商事
4248亿日元	三菱东京UFJ银行 三菱UFJ信托银行 三菱UFJ证券HD
546亿日元	明治安田生命保险
1075亿日元	东京海上日动火灾保险
526亿日元	三菱电机
808亿日元	三菱化学 三菱人造纤维 三菱树脂
179亿日元	三菱材料 三菱铝业
67亿日元	三菱瓦斯化学
3.1亿日元	三菱化工机
230亿日元	三菱汽车
4.5亿日元	三菱制钢
9.1亿日元	三菱制纸
110亿日元	尼康
382亿日元	旭硝子
604亿日元	JX HD
464亿日元	麒麟HD
439亿日元	三菱地所
48亿日元	三菱仓库
14亿日元	三菱综合研究所
6.8亿日元	三菱建设
291亿日元	日本邮船
32亿日元	日邮物流
	三菱扶桑卡客车

※各公司的数值是合并纳税额。如果设立了控股公司，则使用控股公司的数值。日邮物流的数值本应包含在母公司日本邮船的合并数值中，但由于它是上市公司，所以将其纳入了统计对象。三菱扶桑卡客车未纳入统计。

在 1000 亿日元左右。

三菱化学、三菱人造纤维和三菱树脂的母公司三菱化学 HD 为 808 亿日元，JXHD 为 604 亿日元。接下来的三菱重工业、明治安田生命保险为 500 亿日元左右；麒麟 HD 和三菱地产的为 400 亿日元左右。

税收负担较轻的公司有三菱化工机、三菱制钢、三菱建设、三菱制纸，都不超过 10 亿日元。

另外，三菱化学、三菱人造纤维和三菱树脂于 2017 年 4 月合并，组成三菱化学公司。

金曜会成员企业的净利润水平为多少?

我们进一步看看由三菱集团的核心企业组成的金曜会成员企业的经营指标。在 2015 年度，各公司的经常性净利润总计为 38000 亿日元。经常性净利润通过对营业利润与利息收入或利息支出等营业外收入和费用进行加减运算得出。税后的最终利润，即当期利润为 16417 亿日元。

三菱商事、JXHD 和麒麟 HD 这三家主要企业在这一年中都转为亏损，这对上述结果产生了影响。丰田汽车的经常性净利润为 29833 亿日元。当期利润为 23126 亿日元。金曜会成员企业的经常性净利润虽然高于丰田，但当期利润却低于丰田，这是不争的事实。

资产负债表（Balance Sheet，B/S）、利润表（P/L）和现金流量表（CF）被称为财务三表。与 B/S 或 P/L 相比，CF 可能没有那样受到关注。但通过 CF，我们可以清楚地观察到现金的流入和流出。可以说 CF 在某种程度上鲜明地反映了企业的实力。

CF 由经营 CF、投资 CF 和筹资活动 CF 三部分组成。

经营 CF 计算的是由企业业务产生的现金流入和流出。从销售商品、产品或提供服务等获得的现金中，计算付给外部的采购款、原材料费、人工费、税款等现金流出。一般应为正数（现金流入 > 现金流出）。

投资 CF 计算的是由于投资活动，如增设店铺或工厂、收购公司等产生的现金流出，以及通过出售土地或转让业务和子公司等产生的现金流入。如果现金流出多于现金流入，就会在金额前面加上符号“△”，表示负净额。像软银集团这种热衷于投资活动的企业和追求持续发展的企业，一般会显示为负净额的“△”。

筹资活动 CF 计算的是偿还金融机构的贷款或支付股息等现金流出，以及新的筹资所带来的现金流入。对于经营 CF 的现金流入大幅超出现金流出的企业，以及财务状况稳固的企业而言，其筹资活动 CF 一般也会显示为负净额的“△”。

对于银行等金融机构而言，这一原则可能会有些不适用。因此，在第 73 页的经营 CF、投资 CF 和筹资活动 CF

的总和中，已经将其排除。对于必须支付利息偿还的有息负债[4]也是如此。

充裕的现金流用于投资与分红

在不考虑金融机构的情况下，金曜会成员各企业的经营 CF 总额为 34850 亿日元（正净额）。投资 CF 和筹资活动 CF 则表现为负净额的“△”，金额分别为 21429 亿日元和 10079 亿日元。

这表示企业通过经营活动赚取了大约 35000 亿日元的现金，然后从其中拿出约 21400 亿日元用于投资活动，又将其中的约 10000 亿日元用于偿还金融机构的债务和支付股息。总体而言，仍然实现了 3300 亿日元的现金流入。

而丰田汽车的现金流量数据如下：

经营 CF 为 44608 亿日元；

投资 CF 为△ 31825 亿日元；

筹资活动 CF 为△ 4235 亿日元。

金曜会成员的筹资活动 CF 虽然超过了丰田，但在现金的获得能力（经营 CF）和投资的现金流出（投资 CF）上却不如丰田。这再次证实了丰田的经济实力。

[4] 有息负债：有息负债即带息负债，指企业负债当中需要支付利息的债务。

金曜会成员企业的股息虽有 7081 亿日元，但如果去掉三菱 UFJFG 等金融机构，则仅剩下 3757 亿日元，还不到丰田 6479 亿日元的六成。而去掉金融机构后的有息负债总额为 170000 多亿日元，略低于丰田的 182931 亿日元。

金曜会成员29家公司合计的主要经营指标

经营现金流量（经营CF）
34850亿日元

投资CF
△21429亿日元

筹资活动CF
△10079亿日元

〈经常性净利润〉
38365亿日元

〈当期利润〉
16417亿日元

〈有息负债〉
171040亿日元

〈股息〉
7081亿日元

※各公司的数值是对合并现金流量的简单统计。如果设立了控股公司，则使用控股公司的数值。日邮物流的数值本应包含在母公司日本邮船的合并数值中，但由于它是上市公司，所以将其纳入了统计对象。此外，经营CF、投资CF、筹资活动CF以及有息负债的数值去除了金融公司的部分。三菱扶桑卡客车也未纳入统计。

集团公司数量约为 5600 家!

截至 2016 年 3 月末，包括自身在内的 1243 家公司组成集团，形成了三菱商事这一综合商社。除自身外，三菱商事旗下拥有 815 家子公司和 427 家关联企业。

三菱 UFJFG 旗下拥有 224 家子公司和 65 家关联企业，形成了一个包含 290 家企业的集团。

包括三菱商事和三菱 UfJFG 在内，金曜会成员企业的总数接近 5600 家。

集团员工总数超过 830000 人。其中，三菱电机以 135160 人排名第一，三菱 UFJFG 为 110936 人，三菱化学 HD 为 68988 人，三菱商事有 68247 人。

这一数据虽然无法与在全球约有 11000 家门店和超过 200 万员工的沃尔玛相比，但是相当于丰田汽车约 35 万人的 2 倍，是日本零售业顶尖企业永旺的 6 倍。

三菱商事和东京海上 HD 的平均年收入在 1400 万日元左右!

M&A Capital Partners 是日本的一家主要从事企业并购（企业的合并与收购）咨询业务的公司。其员工平均年薪高达 2253 万日元，而且平均年龄只有 30 岁。同行业的

三菱集团的公司数和员工数

金曜会成员29家公司		
	集团公司数	5566家
	集团员工数	831985人

数据	公司
267家 83932人	三菱重工业
1240家 60247人	三菱商事
290家 110936人	三菱东京UFJ银行 三菱UFJ信托银行 三菱UFJ证券HD
30家 41045人	明治安田生命保险
278家 36902人	东京海上日动火灾保险
257家 135160人	三菱电机
750家 68988人	三菱化学 三菱人造纤维 三菱树脂
207家 24636人	三菱材料 三菱铝业
163家 8176人	三菱瓦斯化学
10家 833人	三菱化工机
57家 29555人	三菱汽车
23家 3482人	三菱制钢
46家 3697人	三菱制纸
102家 25729人	尼康
274家 50852	旭硝子
175家 26339人	JX HD
227家 39888人	麒麟HD
260家 8474人	三菱地所
73家 4499人	三菱仓库
16家 3659人	三菱综合研究所
10家 1495人	三菱建设
727家 34276人	日本邮船
81家 21185人	日邮物流
1家	三菱扶桑卡客车

※如果设立了控股公司，则使用控股公司的数值。日邮物流的数值本应包含在母公司日本邮船的合并数值中，但由于它是上市公司，所以将其纳入了统计对象。

GCA Savvian 的员工平均年薪也达到了 2153 万日元。

在许多公司的管理层年薪低于 2000 万日元的现实下，这种薪资无疑高得吓人。不过，三菱集团的各公司也给人一种“待遇好、薪资高”的深刻印象。这也是它们成为求职者首选的原因。

实际上，三菱商事和东京海上 HD 的平均年薪在 1400 万日元左右。三菱 UFJ 证券 HD、三菱 UFJFG、三菱地产、JXHD、三菱化学 HD、日本邮船和麒麟 HD 的平均年薪都突破了 1000 万日元。而制造行业的平均薪资通常会偏低，这是因为有一部分在流水线上工作的员工。不过三菱重工业、三菱电机、旭硝子和尼康的平均薪资都在 800 万日元左右，也是相当高的水平。

除了平均薪资，值得注意的是，多数公司员工的平均年龄多在 40 岁左右。其中，日本邮船、三菱重工业、三菱东京 UFJ 银行和日邮物流等的平均年龄都在 35 岁以上。从这些平均年龄可以推断，大部分员工都会在公司工作到退休。

三菱集团主要各公司的员工平均工资

三菱商事	1445 万日元（平均年龄 42.6 岁）
东京海上 HD	1436 万日元（平均年龄 43.2 岁）
三菱 UFJ 证券 HD	1198 万日元（平均年龄 42.4 岁）
三菱 UFJFG	1132 万日元（平均年龄 40.9 岁）

三菱地所	1163 万日元（平均年龄 40.8 岁）
JXHD	1104 万日元（平均年龄 44.5 岁）
三菱化学 HD	1099 万日元（平均年龄 46.3 岁）
日本邮船	1036 万日元（平均年龄 39.8 岁）
麒麟 HD	1013 万日元（平均年龄 40.1 岁）
三菱综合研究所	982.2 万日元（平均年龄 42.9 岁）
东京海上日动火灾保险	891.3 万日元（平均年龄 41.7 岁）
三菱 UFJ 信托银行	872.8 万日元（平均年龄 42.9 岁）
三菱重工业	827.2 万日元（平均年龄 39.0 岁）
三菱电机	798.2 万日元（平均年龄 40.2 岁）
旭硝子	793.4 万日元（平均年龄 41.9 岁）
三菱东京 UFJ 银行	787.3 万日元（平均年龄 37.8 岁）
尼康	778.2 万日元（平均年龄 44.2 岁）
三菱瓦斯化学	759.4 万日元（平均年龄 40.1 岁）
三菱仓库	753.0 万日元（平均年龄 39.9 岁）
三菱材料	744.6 万日元（平均年龄 41.2 岁）
三菱汽车	719.8 万日元（平均年龄 40.5 岁）
日邮物流	718.5 万日元（平均年龄 37.7 岁）
三菱化工机	698.9 万日元（平均年龄 44.1 岁）
三菱建设	645.2 万日元（平均年龄 43.5 岁）
三菱制钢	640.0 万日元（平均年龄 44.2 岁）
三菱制纸	596.1 万日元（平均年龄 45.4 岁）

三菱电机执行董事的年薪超过 1 亿日元！

那么，三菱集团各公司管理层的年薪是多少呢？

最令人惊讶的是三菱电机。2015 财年末，三菱电机在任的 23 名执行董事年薪均超过 1 亿日元。即便是销售额处在日本第一的丰田汽车，其年薪超过 1 亿日元的管理层也只有 8 人，远远不及三菱电机。2014 财年，这 23 名执行董事的年薪同样超过 1 亿日元，这是连续 2 年的壮举。

然而，与日产汽车的卡洛斯·戈恩总裁达到 10 亿日元的年薪相比，这算不上是突出。23 人中年薪最低的执行董事为 1.07 亿日元，最高的也只有 2.4 亿日元。

此外，在三菱电机这种设立了委员会等机构的公司内，监督管理的功能由董事会承担，经营管理的功能由执行董事承担，执行董事的平均年薪普遍较高。该公司的非执行董事的平均年薪为 6366 万日元，社外董事为 1320 万日元。

管理层的年薪超过 1 亿日元的企业还有三菱重工业、旭硝子、三菱材料、尼康等。其中三菱重工业管理层的平均年薪超过了 1 亿日元，旭硝子管理层的平均年薪接近 1 亿日元。

预计并入日产汽车的三菱汽车的管理层平均年薪为 4230 万日元。

三菱化学 HD 的平均年薪虽为 2675 万日元，但其管理层中有些人在旗下子公司——三菱化学、三菱树脂、三菱人造纤维、田边三菱制药等兼任总经理并获得相应的薪酬。而在计算的时候，撇除了这部分薪酬。

我们再来看看竞争对手的情况。在日本的综合商社中，三菱商事和三井物产基本持平，而住友商事紧随其后。

在房地产行业，三菱地产为 7077 万日元，而住友不动产为 1.297 亿日元，三井不动产为 1.1 亿日元。由于住友不动产的年薪包括了未来的预计支付金额，所以我们可以认为其管理层的平均年薪没有超过 1 亿日元，但又超过了三菱地产的水平。

而在金融领域，银行业的三菱 UFJFG 和保险业的东京海上 HD 似乎都超过了三井住友集团同行业的水平。

三菱集团主要各公司内部董事的平均年薪

三菱电机	12504 万日元（1 亿日元以上 23 人）
三菱商事	11933 万日元（1 亿日元以上 2 人）
三菱重工业	11557 万日元（1 亿日元以上 4 人）
旭硝子	9825 万日元（1 亿日元以上 2 人）
三菱地所	7077 万日元（1 亿日元以上 2 人）
三菱材料	6742 万日元（1 亿日元以上 2 人）
三菱 UFJFG	6700 万日元（1 亿日元以上 3 人）
尼康	5912 万日元（1 亿日元以上 2 人）
东京海上 HD	5828 万日元（1 亿日元以上 2 人）
日本邮船	5381 万日元（1 亿日元以上 0 人，外部董事 1900 万日元）
三菱瓦斯化学	4650 万日元（1 亿日元以上 0 人）
麒麟 HD	4600 万日元（1 亿日元以上 0 人）
三菱仓库	4363 万日元（1 亿日元以上 0 人）
三菱汽车	4230 万日元（1 亿日元以上 0 人）
邮船物流	3550 万日元（1 亿日元以上 0 人，外部董事 1050 万日元）

三菱综合研究所	3533 万日元（1 亿日元以上 0 人，外部董事 600 万日元）
三菱化学 HD	2675 万日元（1 亿日元以上 1 人）
三菱化工机	2640 万日元（1 亿日元以上 0 人）
三菱建设	2550 万日元（1 亿日元以上 0 人，外部董事 166 万日元）
JXHD	2490 万日元（1 亿日元以上 0 人）
三菱制钢	2416 万日元（1 亿日元以上 0 人）
三菱制纸	1987 万日元（1 亿日元以上 0 人）

三井集团——二木会的实力

把丰田算进去的总销售额约690000亿日元！

二木会由代表三井集团的各企业组成，其成员公司的总销售额会因为是否将作为观察员的丰田汽车算进去而有显著差异。包括丰田在内的26家公司的总销售额为693699亿日元，比三菱集团的销售额多出约130000亿日元。不过，如果不包含丰田，其规模将缩减至三菱集团的70%。

在不考虑丰田的情况下，曾因财务造假问题而动荡不安的东芝的销售额位居首位。三井住友海上火灾保险（实际上是MS&AD保险集团HD）的销售额也超过50000亿日元，三井住友FG和三井物产的销售额均在40000亿日元左右，富士胶片HD和东丽的销售额约为20000亿日元，IHI、三井化学、王子HD、日本制纸、三井不动产、三越伊势丹HD、商船三井的销售额均在10000亿日元左右。

在三菱、三井、住友这三大财阀的核心企业中，三越伊势丹HD是唯一的百货公司。三井生命（已成为日本生命的子公司）的经常性收益，相当于其销售额，达到9000亿日元。

三井集团的总销售额

二木会成员26家公司　总销售额693699亿日元

不考虑丰田汽车时为409668亿日元

三井住友FG 47721亿日元	三井物产 47596亿日元

三井住友信托HD 11989亿日元	三井住友海上火灾保险 55130亿日元	三井生命 9154亿日元
东芝 56686亿日元	IHI 15393亿日元	三井造船 8054亿日元
富士胶卷HD 24916亿日元	东丽 21044亿日元	三井化学 13438亿日元
Denka 3698亿日元	三井金属 4505亿日元	太平洋水泥 8353亿日元
王子HD 14335亿日元	日本制纸 10070亿日元	日本制钢所 2233亿日元
三井不动产 15679亿日元	三井住友建设 4149亿日元	三机工业 1789亿日元
日本制粉 3116亿日元	三井仓库HD 2129亿日元	TBS HD 3485亿日元
三越伊势丹HD 12872亿日元	商船三井 17122亿日元	[观察员] 丰田汽车（观察员） 284031亿日元

※ 各公司的数值是合并总销售额。如果设立了控股公司，则使用控股公司的数值。三井住友海上火灾保险和三井住友建设也是住友集团白水会成员。丰田汽车为观察员。

二木会的净资产约为 3000000 亿日元

包括丰田在内的二木会成员公司的净资产约为 3620000 亿日元。如果不算丰田，净资产约为 3140000 亿日元。

与三菱集团金曜会的净资产相比，包括丰田在内的二木会的净资产规模也只有其 88%，如果撇除丰田，这一规模将缩减至金曜会的四分之三。三井住友 FG 的净资产比三菱 UFJFG 约少 1000000 亿日元，这可能是造成上述差异的最大成因。此外，相较于三菱集团的明治安田生命保险，三井生命的净资产仅为 320000 亿日元。

在三井集团中，没有类似于三菱集团的 JXHD 这种资产规模巨大的石油公司。在不考虑金融企业的情况下，三井集团中资产规模较大的公司有三井物产、东芝、三井不动产、富士胶片 HD、东丽和商船三井等。

Denka、三井金属、日本制钢所、三井住友建设、三机工业、日本制粉、三井仓库 HD、TBSHD 等企业的总资产均未达到 10000 亿日元。

和三菱集团一样，三井集团也根据这些公司的净资产、负债总额和净资产总额制作了一份资产负债表（参见第 86 页）。由于三井集团的净资产低于三菱集团，因此其负债总额和净资产总额也相对较少。

而负债总额占净资产的比例（负债总额 / 总资产 ×100%）是多少呢？三井集团和三菱集团的结果几乎一致，

分别为 90% 和 89%。

三井集团的净资产额

二木会成员26家公司　总销售额3617933亿日元

不考虑丰田汽车时为3143657亿日元

1865858亿日元 三井住友FG	109105亿日元 三井物产

582299亿日元 三井住友信托HD	203036亿日元 三井住友海上火灾保险	70967亿日元 三井生命
54333亿日元 东芝	17150亿日元 IHI	10940亿日元 三井造船
33636亿日元 富士胶卷HD	22783亿日元 东丽	12589亿日元 三井化学
4438亿日元 Denka	4848亿日元 三井金属	10140亿日元 太平洋水泥
19349亿日元 王子HD	13909亿日元 日本制纸	2931亿日元 日本制钢所
53742亿日元 三井不动产	2936亿日元 三井住友建设	1694亿日元 三机工业
2479亿日元 日本制粉	2859亿日元 三井仓库HD	6499亿日元 TBS HD
12930亿日元 三越伊势丹HD	22195亿日元 商船三井	[观察员] 474275亿日元 丰田汽车(观察员)

※ 各公司的数值是合并净资产额。如果设立了控股公司，则使用控股公司的数值。三井住友海上火灾保险和三井住友建设也是住友集团白水会成员。丰田汽车为观察员。

三井不动产和三菱地产的土地资产不相上下！

在不包括丰田的情况下，三井集团各公司的土地资产总额为 59106 亿日元，几乎等同于三菱集团的规模。如果包括丰田，三井集团这个数字将超过 70000 亿日元，位居日本三大财阀之首。

这是因为三井不动产和三菱地所的土地资产几乎不相上下，而且三越伊势丹 HD 的土地资产也很高。包括建筑物等设施在内，资产价值超过 1000 亿日元的三越日本桥总店和三越银座店的土地资产分别为 973 亿日元和 817 亿日元。

而三井不动产的新宿三井大厦的土地资产为 1866 亿日元（包含建筑物在内的总资产为 2041 亿日元），“东京中城”的土地资产为 1481 亿日元（总资产为 2023 亿日元）。日本桥三井塔楼大厦和三井住友银行总部大厦的土地资产也在 1000 亿日元左右。

电视台 TBSHD 也涉足房地产行业，其位于东京赤坂总部大楼的土地资产约为 800 亿日元。

三井住友 FG 的子公司三井住友银行所拥有的总部周边的土地价值约为 1200 亿日元。

另外，丰田汽车总部土地资产为 113 亿日元，生产豪华车型雷克萨斯的田原工厂的土地资产为 659 亿日元。

二木会加盟公司单纯合计资产负债表

土地	59106亿日元	有息负债	142982亿日元
现金存款	684920亿日元	其他	2689440亿日元
有价证券	535006亿日元		
其他	1864625亿日元	负债总计	2832422亿日元
		盈余公积	144203亿日元
		实收资本等其他	167032亿日元
		净资产总计	311235亿日元
资产总计	3143657亿日元	负债・净资产总计	3143657亿日元

注：不包含丰田。

三井集团的土地资产额

二木会成员26家公司　土地资产额72635亿日元

不考虑丰田汽车时为59106亿日元

4891亿日元 三井住友FG	5734亿日元 三井物产

1274亿日元 三井住友信托HD	2357亿日元 三井住友海上火灾保险	1729亿日元 三井生命
918亿日元 东芝	909亿日元 IHI	2576亿日元 三井造船
915亿日元 富士胶卷HD	769亿日元 东丽	1576亿日元 三井化学
630亿日元 Denka	336亿日元 三井金属	1407亿日元 太平洋水泥
2374亿日元 王子HD	2150亿日元 日本制纸	103亿日元 日本制钢所
18967亿日元 三井不动产	154亿日元 三井住友建设	39亿日元 三机工业
342亿日元 日本制粉	568亿日元 三井仓库HD	840亿日元 TBS HD
		[观察员]
5320亿日元 三越伊势丹HD	2216亿日元 商船三井	13529亿日元 丰田汽车(观察员)

※ 各公司的数值是合并土地资产额。如果设立了控股公司，则使用控股公司的数值。三井住友海上火灾保险和三井住友建设也是住友集团白水会成员。丰田汽车为观察员。

不算丰田后的盈余公积约为三菱集团的七成不到

我们将企业自成立以来所积累的利润称为盈余公积或内部留存。那么相较于三菱集团和住友集团，二木会各成员公司的总盈余公积（内部留存）大概是什么水平呢？

截至 2015 财年末，丰田汽车的盈余公积为 167942 亿日元。是否加上这一数字会对二木会的总盈余公积产生巨大影响。包含丰田在内的总盈余公积约超出三菱集团金曜会各成员公司的总盈余公积 100000 亿日元。

而如果把丰田剔除在外，该数字将缩水至不足原来的七成。这其中最大的影响因素是东芝的盈余公积陷入亏损。

在尚未涉及财务造假的 2007 财年末，东芝的盈余公积为 7744 亿日元。然而，受到雷曼事件的冲击，东芝在 2008 财年末的盈余公积，减少超过 3000 亿日元，滑落至 3951 亿日元。自那以后，每逢亏损，东芝都会减少盈余公积，到 2015 财年末，东芝的盈余公积又减少了 767 亿日元。

东芝于 1939 年合并成为东京芝浦电气，在 1984 年更名为现公司名。可以说，东芝不仅消耗了自创业以来积累的利润，甚至陷入了亏损的境地。

在财年结束时，东芝采取了一些特殊的手段，以 6655 亿日元的价格将其医疗设备子公司卖给了佳能，以减少亏损。显然，如果没有这一举措，东芝的盈余公积下降幅度无疑将会进一步增加。

三井集团的盈余公积

二木会成员26家公司　盈余公积 312146亿日元

不考虑丰田汽车时为144203亿日元

45344亿日元 三井住友FG	23141亿日元 三井物产

10871亿日元 三井住友信托HD	6285亿日元 三井住友海上火灾保险	526亿日元 三井生命
△767亿日元(赤字) 东芝	1447亿日元 IHI	1487亿日元 三井造船
22196亿日元 富士胶卷HD	6143亿日元 东丽	1811亿日元 三井化学
1123亿日元 Denka	823亿日元 三井金属	1887亿日元 太平洋水泥
3598亿日元 王子HD	822亿日元 日本制纸	845亿日元 日本制钢所
6402亿日元 三井不动产	301亿日元 三井住友建设	655亿日元 三机工业
918亿日元 日本制粉	388亿日元 三井仓库HD	2557亿日元 TBS HD
1849亿日元 三越伊势丹HD	3541亿日元 商船三井	[观察员] 167942亿日元 丰田汽车(观察员)

※ 各公司的数值是合并盈余公积。如果设立了控股公司，则使用控股公司的数值。三井住友海上火灾保险和三井住友建设也是住友集团白水会成员。丰田汽车为观察员。

日本生命的子公司三井生命的盈余公积处于略超过500亿日元的水平，仅为三菱集团旗下明治安田生命5000亿日元的1/10。三井住友海上火灾保险等的母公司MS&AD保险集团HD的盈余公积为6285亿日元，约为三菱集团的东京海上HD的四成。三井住友FG和三井住友信托HD的盈余公积合计为56215亿日元，约为三菱UFJ金融集团的2/3。

另外，富士胶片HD的22196亿日元超过三菱集团的三菱电机约8000亿日元。三菱化学等的母公司三菱化学HD的盈余公积约5500亿日元，而东丽的略高650亿日元，为6143亿日元。

在集团内部，纸浆业的领头羊王子HD和位居第二的日本制纸在盈余公积上有明显差距。

算上丰田的税收负担额超过了三菱集团

二木会成员公司的税收负担额是什么水平呢?

总体来说，包括丰田在内的税收负担总额约为17000亿日元，这占到了2016财年一般会计法人税预算122330亿日元的13.6%。如果去掉丰田，剩下的公司税收负担总额约为8220亿日元。

当然，各公司负担税款并非都在国内缴纳。以丰田集团为例，其在 2015 年财年的税收负担额为 8453 亿日元。其中，丰田自身缴纳 4865 亿日元，包括其国内子公司的缴纳额 5918 亿日元，而其海外子公司的缴纳额 2535 亿日元。

由此可知，丰田及其国内子公司承担了 70%，海外子公司承担了 30%。丰田自身的税收负担额占集团的 57.5%。

在 2014 财年，丰田的税收负担总额为 9203 亿日元，丰田及其国内子公司占六成，海外子公司占四成。丰田自身的税收负担额占集团的 47.4%。通过 2014 和 2015 财年数据对比可知，由于丰田自身税收负担额增加了约 400 亿日元，所以丰田及其国内子公司所占比例也相应增大。

三井物产的特点是集团的税收负担总额与母公司单独的税收负担额差距极大。其中，集团税收负担总额为 912 亿日元，而三井物产自身税收负担额仅为 70 亿日元。作为同行的三菱商事、住友商事等也如出一辙。这说明，综合商社的盈利主要来自其出资公司和投资对象。

此外，第 92 页的税收负担额是 2015 财年会计决算的应纳税额。从 2015 年 4 月至 2016 年 3 月，三井物产将实际通过现金缴纳的法人税列入了现金流量表中。2014 财年为 1365 亿日元，2015 财年为 1323 亿日元。

同样，三菱商事也将实际支付的税款列入了现金流量表，2014 财年为 1914 亿日元，2015 财年为 1026 亿日元。

三菱商事在 2 个财年缴纳税款的总额超出三井物产约

三井集团的法人税纳税额

二木会成员26家公司　法人税等16673亿日元

不考虑丰田汽车时为8220亿日元

2442亿日元 三井住友FG	912亿日元 三井物产

724亿日元 三井住友信托HD	628亿日元 三井住友海上火灾保险	36亿日元 三井生命
742亿日元 东芝	188亿日元 IHI	106亿日元 三井造船
424亿日元 富士胶卷HD	314亿日元 东丽	158亿日元 三井化学
54亿日元 Denka	60亿日元 三井金属	143亿日元 太平洋水泥
150亿日元 王子HD	50亿日元 日本制纸	33亿日元 日本制钢所
638亿日元 三井不动产	67亿日元 三井住友建设	24亿日元 三机工业
38亿日元 日本制粉	27亿日元 三井仓库HD	60亿日元 TBS HD
		[观察员]
77亿日元 三越伊势丹HD	111亿日元 商船三井	8453亿日元 丰田汽车(观察员)

※ 各公司的数值是合并纳税额。如果设立了控股公司，则使用控股公司的数值。三井住友海上火灾保险和三井住友建设也是住友集团白水会成员。丰田汽车为观察员。

250 亿日元。但如果只看 2015 财年的结果，我们可以发现，三井物产的实际缴纳金额超过了三菱商事。

三井不动产也公开了其纳税情况。三井不动产根据 2015 财年会计决算的纳税额为 638 亿日元，而其实际缴纳了 690 亿日元。

税款低于 100 亿日元的公司包括三井生命、Denka、三井金属、日本制纸、日本制钢所、三井住友建设、三机工业、日本制粉、三井仓库 HD、TBSHD 和三越伊势丹 HD。

现金流规模小于三菱集团

包括丰田在内的三井集团二木会的成员企业在 2016 财年发放的股票分红总额为 12000 亿日元，而不计入丰田的总额为 5842 亿日元。

在不计入丰田的情况下，三井集团的经常性净利润、当期利润和有利息债务总额均不及三菱集团。经营 CF、投资 CF 和财务 CF 是反映企业在经营、投资和筹资等各项活动中的现金流入流出情况的指标。在这些指标上，三井集团都低于三菱集团。

通过“经营 CF+ 投资 CF”计算得出的自由 CF 是一个重要的指标，它反映了企业集团可以自行决定使用途径的现金规模。在计入丰田的情况下，三井集团的自由 CF 为 26000

亿日元；在不计入丰田的情况下，也还有 13000 亿日元的盈余（现金流入大于现金流出）。因此，我们可以认为二木会的各成员企业在整体上都具备良好的现金获取能力。

二木会成员26家公司合计的主要经营指标

经营现金流量（经营CF）
64704亿日元
（不考虑丰田汽车时为20095亿日元）

投资CF
△38612亿日元
（不考虑丰田汽车时为△6787亿日元）

筹资活动CF
△7571亿日元
（不考虑丰田汽车时为△3335亿日元）

〈经常性净利润〉
48709亿日元
（不考虑丰田汽车时为18875亿日元）

〈当期利润〉
30782亿日元
（不考虑丰田汽车时为7655亿日元）

〈有息负债〉
325913亿日元
（不考虑丰田汽车时为142982亿日元）

〈股息〉
12321亿日元
（不考虑丰田汽车时为5842亿日元）

※各公司的数值是对合并现金流量的简单统计。如果设立了控股公司，则使用控股公司的数值。此外，经营CF、投资CF、筹资活动CF以及有息负债的数值去除了金融公司的部分。

集团公司数量接近 6000 家

2016 年 3 月末，东芝集团由 693 家公司组成，其中包括自身及其子公司 553 家，以及关联公司 140 家，集团员工多达 187809 人。为了自身的生存，东芝实施了出售白色家电和医疗设备业务等经营重组计划，同时专注于基础设施、核电和半导体业务。鉴于其庞大的规模，可以说东芝的经营重组代表着一种社会责任。

三井住友 FG 与三菱 UFJFG 和瑞穗 FG 并称为日本三大金融集团。三井住友 FG 由 401 家公司组成，其中包括自身及其子公司 342 家，以及关联公司 59 家，集团员工近 74000 人。

作为综合商社的三井物产旗下有 275 家子公司和 187 家关联公司，集团员工近 44000 人。

商船三井由 439 家公司组成，其中包括自身及其子公司 363 家，以及关联公司 76 家，集团员工约 10000 人。

富士胶片 HD 由 285 家子公司和 27 家关联公司组成，集团员工约为 78000 人。

世界最大的汽车公司丰田汽车有 548 家子公司和 200 家关联公司，集团员工近 35 万人。

二木会各成员公司总计有 5934 家企业，员工总人数约为 105 万。如果不计入丰田，各成员公司企业数为 5185 家，员工总人数为 70 多万。

三井集团的公司数和员工数

二木会成员26家公司

集团公司数 5934家　　不考虑丰田时为5185家

集团员工数1050934人　　不考虑丰田时为702057人

401家 73652人 三井住友FG	463家 43611人 三井物产

93家 21852人 三井住友信托HD	224家 40617人 三井住友海上火灾保险	6家 10085人 三井生命
693家 187809人 东芝	182家 29494人 IHI	172家 12705人 三井造船
313家 78150人 富士胶卷HD	285家 45839人 东丽	132家 13447人 三井化学
120家 5788人 Denka	106家 11132人 三井金属	301家 12574人 太平洋水泥
371家 33605人 王子HD	160家 11741人 日本制纸	53家 5224人 日本制钢所
276家 17205人 三井不动产	26家 4238人 三井住友建设	9家 2309人 三机工业
85家 3519人 日本制粉	101家 9035人 三井仓库HD	102家 5641人 TBS HD
		[观察员]
72家 12285人 三越伊势丹HD	439家 10500人 商船三井	749家 348877人 丰田汽车(观察员)

※ 各公司的数值是合并数值。如果设立了控股公司，则使用控股公司的数值。三井住友海上火灾保险和三井住友建设也是住友集团白水会成员。丰田汽车为观察员。

TBSHD的平均年薪最高！多数员工年薪超过1000万日元！

TBSHD、三井物产、三井住友FG、三井住友信托HD、MS&AD保险集团HD、三井不动产、富士胶片HD、商船三井等公司的员工平均年薪都超过1000万日元。

王子控股、三越伊势丹HD、三井化学、三井住友FG的旗下的三井住友银行、东芝，以及丰田的员工平均年薪都在800万日元左右。

平均年薪在700万日元左右的有三井仓库HD、太平洋水泥、IHI，MS&AD保险集团HD旗下的三井住友海上火灾保险、三井住友信托HD旗下的三井住友信托银行等。

东丽是现任日本经济团体联合会会长所在的企业，它和经营"优衣库"的迅销公司属于合作伙伴关系。东丽的员工平均年薪在600万日元左右。

包括员工平均年薪在500万日元左右的日本制钢所等钢铁行业公司在内，二木会成员企业员工的平均年龄大多在35到40岁。和三菱集团金曜会成员企业一样，这些企业也有很多员工一直工作到退休。

三井集团主要各公司的员工平均工资

TBSHD	1490万日元（平均年龄51.6岁）
三井物产	1363万日元（平均年龄42.4岁）
三井住友FG	1272万日元（平均年龄39.8岁）

三井住友信托 HD	1235 万日元（平均年龄 45.9 岁）
MS&AD 集团 HD	1146 万日元（平均年龄 47.0 岁）
三井不动	1128 万日元（平均年龄 41.1 岁）
富士胶片 HD	1070 万日元（平均年龄 43.6 岁）
商船三井	1000 万日元（平均年龄 37.7 岁）
王子 HD	855.3 万日元（平均年龄 43.2 岁）
三越伊势丹 HD	833.0 万日元（平均年龄 46.1 岁）
三井化学	830.2 万日元（平均年龄 42.6 岁）
三井住友银行	830.1 万日元（平均年龄 36.5 岁）
东芝	827.5 万日元（平均年龄 43.4 岁）
三井仓库 HD	759.2 万日元（平均年龄 40.3 岁）
大平洋水泥	752.7 万日元（平均年龄 42.0 岁）
IHI	749.2 万日元（平均年龄 40.0 岁）
三井住友海上火灾保险	747.2 万日元（平均年龄 40.5 岁）
三机工业	730.1 万日元（平均年龄 42.7 岁）
三井住友信托银行	722.0 万日元（平均年龄 42.5 岁）
三井金属	717.9 万日元（平均年龄 42.6 岁）
日本制粉	710.6 万日元（平均年龄 39.9 岁）
三井住友建设	708.0 万日元（平均年龄 46.5 岁）
日本制纸	687.6 万日元（平均年龄 42.0 岁）
东丽	681.4 万日元（平均年龄 36.9 岁）
Denka	629.5 万日元（平均年龄 39.9 岁）
三井造船	616.6 万日元（平均年龄 37.8 岁）
日本制钢所	581.7 万日元（平均年龄 39.6 岁）
丰田汽车	851.8 万日元（平均年龄 38.9 岁）

三井物产和三井不动产的内部董事的平均年薪超过1亿日元!

那么,内部董事等管理层的平均年薪又是什么水平呢?

三井不动产、三井物产、富士胶片HD、东丽、三井住友FG、MS&AD保险集团HD以及丰田都有年薪超过1亿日元的管理层。其中，丰田有8名内部董事的年薪超过1亿日元。

而且，三井不动产和三井物产的平均年薪都突破了1亿日元。此外，富士胶片HD接近8000万日元，太平洋水泥超过6000万日元。在金融集团中，三井住友FG为4000万日元左右，三井住友信托HD还不到3000万日元。这可能是因为没有计算子公司发放的薪酬,所以看起来比较低。

三井集团主要各公司内部董事的平均年薪

三井不动产	11000万日元（1亿日元以上3人）
三井物产	10188万日元（1亿日元以上3人）
富士胶卷HD	7850万日元（1亿日元以上4人）
太平洋水泥	6216万日元（1亿日元以上0人）
东丽	6183万日元（1亿日元以上2人）
三井化学	5828万日元（1亿日元以上0人）
日本制纸	5557万日元（1亿日元以上0人）
三井金属	5557万日元（1亿日元以上0人）
商船三井	5466万日元（1亿日元以上0人）

王子 HD	5354 万日元（1 亿日元以上 0 人）
Denka	5260 万日元（1 亿日元以上 0 人）
三越伊势丹 HD	5020 万日元（1 亿日元以上 0 人）
IHI	5008 万日元（1 亿日元以上 0 人）
日本制钢所	4991 万日元（1 亿日元以上 0 人）
TBSHD	4767 万日元（1 亿日元以上 0 人）
三井住友 FG	4625 万日元（1 亿日元以上 3 人）
三机工业	4400 万日元（1 亿日元以上 0 人）
三井仓库 HD	4100 万日元（1 亿日元以上 0 人）
MS&AD 集团 HD	3587 万日元（1 亿日元以上 2 人）
三井造船	2954 万日元（1 亿日元以上 0 人）
三井住友信托 HD	2783 万日元（1 亿日元以上 0 人）
日本制粉	2209 万日元（1 亿日元以上 0 人）
东芝	2028 万日元（1 亿日元以上 0 人）
三井住友建设	1525 万日元（1 亿日元以上 0 人）
丰田汽车	20411 万日元（1 亿日元以上 8 人）

住友集团——白水会的实力

总销售额不及三菱和三井集团

白水会是由住友集团19家核心企业组成的联盟。不过，历经行业整合的银行和保险等金融相关企业以及建筑行业三井住友建设也是三井集团二木会的成员。

三井住友银行（三井住友FG）由住友银行与三井银行（实际上，是与太阳神户银行合并的樱花银行）合并组成。此外，中央三井信托银行和住友信托银行合并组成了三井住友信托银行（三井住友信托HD）。三井住友海上火灾保险（MS&AD保险集团HD）则由住友海上火灾保险和三井海上火灾保险合并而成。而三井住友建设是住友建设和三井建设合并形成的新生企业。因此，三井住友FG和三井住友建设等企业的经济数据会同时被纳入对三井集团和住友集团的计算中。

以此为前提，白水会19家成员公司的总销售额为329456亿日元，为三菱集团金曜会的六成不到，约为三井集团二木会在不考虑丰田时的410000亿日元的八成。

也就是说，在日本三大财阀中，住友集团的销售额规模最小。这是因为就像住友商社是仅次于三菱商社和三井物产的商社那样，住友集团中的行业内顶级企业较少，而行业二把手、三把手的企业较多。

例如，住友生命的经常性净利润（相当于销售额）虽然多于三井集团旗下的三井生命，但却少于三菱集团旗下的明治安田生命。值得一提的是，住友生命和明治安田生命在 2016 年初都收购了美国公司。其中，住友生命的收购金额 4638 亿日元（不包含 26 亿日元的顾问费），明治安田生命为 5994 亿日元（不包括 32 亿日元的顾问费）。换句话说，包括顾问费在内，明治安田生命需要支付的收购金额更大。

住友化学的销售额超出三井化学 7500 多亿日元，但与三菱化学（预计将更名为三菱化学 HD）等公司组成的三菱化学 HD 相比，还是少了约 17000 亿日元。此外，住友金属矿山的销售额约为 8500 亿日元，而同行业的三菱材料为 14000 亿日元左右。NEC 的销售额也比三菱电机低约 16000 亿日元。此外，日本板硝子约 6300 亿日元的销售额还不及三菱集团旭硝子的一半。

和住友商事一样，住友不动产在行业中排行第 3，仅次于三井不动产和三菱地产，而住友仓库的销售额也略低于三井仓库 HD 和三菱仓库。

不过，住友电气工业可谓是大放异彩。作为一家全球性企业，住友电气工业主营汽车用组装电线（线束）和光

住友集团的总销售额

白水会成员19家公司 总销售额329456亿日元

公司	销售额
三井住友银行	47721亿日元
住友商事	40108亿日元
三井住友信托银行	11989亿日元
住友生命保险	37335亿日元
三井住友海上火灾保险	50130亿日元
NEC	28211亿日元
住友重机械工业	7008亿日元
住友电气工业	29330亿日元
住友化学	21017亿日元
住友酚醛塑料	2069亿日元
住友金属矿山	8554亿日元
住友大阪水泥	2341亿日元
日本板硝子	6291亿日元
住友仓库	1722亿日元
住友不动产	8549亿日元
住友林业	10405亿日元
三井住友建设	4149亿日元
住友橡胶工业	8486亿日元
大日本住友制药	4032亿日元

旧住友金属工业

2012年，同新日本制铁完成经营整合，成为新日铁，住金退出了白水会。

※各公司的数值是合并总销售额。如果设立了控股公司，则使用控股公司的数值。例如，三井住友FG（三井住友银行）、三井信托HD、MS&AD保险集团控股公司（三井住友海上火灾保险）和三井住友建设也是三井集团二木会的成员。大日本住友制药虽为住友化学的子公司，但由于它是一家上市公司，所以将其数据计入总数。

纤电缆等业务，销售额约为30000亿日元。虽然三井旗下有仅次于住友电气工业、主打电线业务的藤仓、三菱材料也从事光纤业务，但在金曜会和二木会这种集团核心企业集结的机构内，不存在住友电气工业的同行。此外，以住宅建设为企业核心业务、销售额超10000亿日元的住友林业在金曜会和二木会中也找不到竞争对手。

白水会的净资产约为3240000亿日元

白水会成员企业净资产简单统计数值约为3240000亿日元。和销售额规模一样，白水会净资产在规模上也不及三菱集团的金曜会，不过相较于撇除丰田后的三井集团二木会，还是要高出97000亿日元左右。

在不考虑金融相关企业的情况下，住友商事的净资产接近80000亿日元，在白水会中排名第1。不过，与三菱商事的149000亿日元和三井物产的109000亿日元相比，可以说其规模略小。

在白水会成员中，净资产约40000亿日元的住友不动产规模较大。但与三井不动产和三菱地产的50000亿日元相比，还是小了一圈。

住友电气工业、住友化学和NEC三家公司的净资产均在20000亿日元左右。住友金属矿山的净资产在10000亿

住友集团的净资产额

白水会成员19家公司 净资产额3240675亿日元

公司	净资产额
三井住友银行	1865858亿日元
住友商事	78178亿日元
三井住友信托银行	582299亿日元
住友生命保险	317970亿日元
三井住友海上火灾保险	203036亿日元
NEC	24934亿日元
住友重机械工业	7828亿日元
住友电气工业	27428亿日元
住友化学	26621亿日元
住友酚醛塑料	2601亿日元
住友金属矿山	16308亿日元
住友大阪水泥	3257亿日元
日本板硝子	8121亿日元
住友仓库	3005亿日元
住友不动产	46759亿日元
住友林业	7091亿日元
三井住友建设	2936亿日元
住友橡胶工业	9361亿日元
大日本住友制药	7077亿日元

※各公司的数值是合并总净资产额。如果设立了控股公司，则使用控股公司的数值。大日本住友制药虽为住友化学的子公司，但由于它是一家上市公司，所以将其数据计入总数。

日元左右。在国内非铁金属行业中，住友金属矿山最注重铜和镍等资源开发，其净资产虽然比同行业的三菱材料低约 1600 亿日元，却是三井金属的 3.3 倍。此外，住友橡胶工业的净资产约为 9000 亿日元，日本板硝子的净资产在 8000 亿日元左右。住友重机械工业、住友林业、大日本住友制药这三家公司净资产均在 7000 亿日元左右。

根据白水会成员各公司净资产、负债合计、净资产合计等制作的财务报表在本书第 105、108 页。

有息负债的比例低于三菱和三井集团

住友集团负债总额占总资产的比例（负债总额 / 总资产 ×100%）为 91.4%，略高于三井集团的 90.0% 和三菱集团的 89.2%。三井住友 FG、三井住友信托 HD、MS&AD 保险集团 HD 以及住友生命保险也属于三井集团旗下企业。这些企业的负债总额较大,是造成上述高比例的主要原因。不过对于银行而言，由于用户存款也被计入负债部分，因此净资产中负债比例高并不能表示财务状况恶化。

不过，净资产中负债总额的比例低，通常表示企业自有资本比率高，且财务状况稳定。

而住友金属矿山、大日本住友制药、住友酚醛塑料、住友电气工业、住友仓库、住友大阪水泥、住友重机械工业、住友化学等企业净资产中负债总额的比例较低。

另外，必须支付利息还款的有息负债是什么情况呢？除了关注金额，我们还要关注企业的有息负债占总销售额和净资产中的比例。

白水会各成员公司（除金融相关企业）的有利息负债总额为101418亿日元。与金曜会的171040亿日元和二木会的142982亿日元相比，这是一个相当小的数额。

实际上，有利息负债占总资产的比例，在二木会为4.5%，金曜会为4.1%，而白水会则为3.1%。换言之，债务比率较低。

值得一提的是，有息负债规模较大的企业有住友商事和住友不动产，分别为36509亿日元和31589亿日元。住友不动产的总销售额虽然低于三井不动产和三菱地产，但与三井不动产和三菱地产约20000亿日元的有息负债相比，其有息负债多出约10000亿日元。

另外，日本板硝子的有息负债为4371亿日元，总销售额为6291亿日元。由此可知，债务占比约为70%，是一个相对较高的比例。

白水会成员公司单纯合计资产负债表

土地	46626亿日元	有息负债	101418亿日元
现金存款	664258亿日元	其他	2863051亿日元
有价证券	746897亿日元		
其他	1782894亿日元	负债总计	2964469亿日元
		盈余公积	125003亿日元
		实收资本等其他	151203亿日元
		净资产总计	276206亿日元
		负债·净资产总计	
资产总计	3240675亿日元	3240675亿日元	

不包含丰田汽车

住友不动产的土地资产规模超过了三菱地所和三井不动产

白水会各成员公司的土地资产总计为 46626 亿日元，相比于三菱集团金曜会的 59492 亿日元和撇除丰田后的二木会的 59106 亿日元，规模明显较小。不过，住友不动产的土地资产规模超过三井不动产约 4200 亿日元，超过三菱地产约 3600 亿日元，可谓实打实的土地富商。从个体层面的设施上而言，新宿住友大厦的土地资产超过 1000 亿日元（1199 亿日元），东京日本桥塔和六本木的泉花园均超过 900 亿日元。

住友集团的土地资产额

白水会成员19家公司 土地资产额 46626亿日元

公司	土地资产额
三井住友银行	4891亿日元
住友商事	2666万日元
三井住友信托银行	1274亿日元
住友生命保险	3868亿日元
三井住友海上火灾保险	2357亿日元
NEC	571亿日元
住友重机械工业	1082亿日元
住友电气工业	875亿日元
住友化学	829亿日元
住友酚醛塑料	96亿日元
住友金属矿山	266亿日元
住友大阪水泥	379亿日元
日本板硝子	2935亿日元(亏损)
住友仓库	494亿日元
住友不动产	23177亿日元
住友林业	268亿日元
三井住友建设	154亿日元
住友橡胶工业	374亿日元
大日本住友制药	62亿日元

※各公司的数值是合并土地资产额。如果设立了控股公司，则使用控股公司的数值。大日本住友制药虽为住友化学的子公司，但由于它是一家上市公司，所以将其数据计入总数。

收购后的不景气影响了盈余公积

白水会各成员公司的盈余公积总额约为 125000 亿日元。与金曜会的215754亿日元和二木会的144203亿日元(包括丰田汽车在内为 312146 亿日元）相比，在规模上处于劣势。2006 年日本板硝子收购英国同行皮尔金顿可能是造成此结果的一大原因。为了完成收购，日本板硝子斥资 6000 多亿日元，约为其总销售额的 2 倍，掀起了一场关于“以小吞大”的讨论。由此，日本板硝子从 2011 年至 2015 年的 5 个财年中均表现疲软，有 4 年处于亏损状态。

在不考虑金融相关公司的白水会成员公司中，盈余公积不断增加的企业有住友商事、住友电气工业、住友金属矿山、住友不动产和住友化学等。

税收负担额低于 10000 亿日元

白水会各成员公司的税收负担总额为 8070 亿日元，规模小于金曜会的 10996 亿日元和二木会的 8220 亿日元（包括丰田汽车在内为 16673 亿日元）。

第 114 页表格中的金额是 2016 财年以后的纳税额。其中，住友化学为 676 亿日元、住友商事为 515 亿日元、住友电气工业为 500 亿日元、住友不动产为 499 亿日元。

住友集团的盈余公积

白水会成员19家公司 盈余公积 125003亿日元

45344亿日元	三井住友银行
14671亿日元	住友商事
10871日元	三井住友信托银行
3399亿日元	住友生命保险
6285亿日元	三井住友海上火灾保险
2654亿日元	NEC
2655亿日元	住友重机械工业
9814亿日元	住友电气工业
5394亿日元	住友化学
885亿日元	住友酚醛塑料
7448亿日元	住友金属矿山
842亿日元	住友大阪水泥
△250亿日元（亏损）	日本板硝子
887亿日元	住友仓库
5697亿日元	住友不动产
1667亿日元	住友林业
301亿日元	三井住友建设
3017亿日元	住友橡胶工业
3414亿日元	大日本住友制药

※各公司的数值是合并盈余公积。如果设立了控股公司，则使用控股公司的数值。大日本住友制药虽为住友化学的子公司，但由于它是一家上市公司，所以将其数据计入总数。

白水会成员19家公司合计的主要经营指标

经营现金流量（经营CF）
17156亿日元

投资CF
5941亿日元

筹资活动CF
9569亿日元

〈经常性净利润〉
26974亿日元

〈当期利润〉
15759亿日元

〈有息负债〉
101418亿日元
（不考虑丰田汽车时为42982亿日元）

〈股息〉
5496亿日元
（不考虑丰田汽车时为5842亿日元）

※各公司的数值是对合并现金流量的简单统计。如果设立了控股公司，则使用控股公司的数值。此外，经营CF、投资CF、筹资活动CF以及有息负债的数值去除了金融公司的部分。大日本住友制药虽为住友化学的子公司，但由于它是一家上市公司，所以将其数据计入总数。

至于实际以现金形式缴纳的税款金额，住友化学在2014财年为436亿日元，2015财年为412亿日元；住友商事在2014财年为409亿日元，2015财年为713亿日元；住友电气工业在2014财年为496亿日元，2015财年为427亿日元；住友不动产在2014财年为473亿日元，2015财年为469亿日元。

总股息约为三菱集团的8成

白水会各成员公司（不包括金融相关企业）的总经营CF为17156亿日元，也就是说，这些公司获得了这么多现金。它们以这笔现金为本金，在投资活动投入了约5941亿日元，同时还支付了有息负债和股息共计约9569亿日元。这就是现金流量。

总体而言，白水会的财务CF为负净额（现金流出＞现金流进），其中，住友商事的现金流量是造成该结果的主要原因。2015财年，住友商事偿还了约7760亿日元的债务，并支付了623亿日元的股息。也就是说，如此多的现金流向了公司。与此同时，住友商事还新增了3294亿日元的借款。结果，住友商事的财务CF为负净额，金额为5071亿日元。

2015财年，尽管日本板硝子和住友金属矿山陷入亏损，但整个集团的经常性净利润为26974亿日元，当期净利润为15759亿日元。白水会各成员公司的股息合计约为5500亿日元。

住友集团的法人税纳税额

白水会成员19家公司 法人税等 8070亿日元

2442亿日元	三井住友银行
515亿日元	住友商事
724日元	三井住友信托银行
613亿日元	住友生命保险
628亿日元	三井住友海上火灾保险
200亿日元	NEC
150亿日元	住友重机械工业
500亿日元	住友电气工业
676亿日元	住友化学
31亿日元	住友酚醛塑料
169亿日元	住友金属矿山
78亿日元	住友大阪水泥
19亿日元	日本板硝子
41亿日元	住友仓库
499亿日元	住友不动产
158亿日元	住友林业
67亿日元	三井住友建设
156亿日元	住友橡胶工业
395亿日元	大日本住友制药

※各公司的数值是合并纳税额。如果设立了控股公司，则使用控股公司的数值。大日本住友制药虽为住友化学的子公司，但由于它是一家上市公司，所以将其数据计入总数。

集团公司数量虽少，但员工数量庞大

白水会 19 家成员公司的集团公司数为 3476 家，集团员工数量接近 76 万人。而不考虑丰田汽车的二木会拥有 5185 家公司和 702057 名员工。因此，相较于二木会，白水会的集团公司数量虽然较少，但员工数量反而更多。

住友电气工业包括自身和关联公司在内共有 390 家子公司，员工数量为 24 万人，超过了集团员工总数的 30%，这可能是影响白水会员工数量的主要因素。员工数量次于住友电气工业的企业 NEC，约为 9 万人，此外，NEC 还有 39124 名临时员工。

但是，NEC 母公司的员工只有 4984 人（其中临时员工为 766 人），大部分员工在海内外的子公司工作。住友电气工业是一家全球化的公司，从工厂和土地等有形固定资产的角度来看，国内和海外的比例为 52% 和 48%，而且 60% 的销售额都来自海外。

而住友橡胶工业的海外销售额比例超过 55%，有形固定资产的国内和海外比值为“38 对 62”。可以说，住友橡胶工业的大部分员工在海外工作。

住友商事的平均年薪超过 1000 万日元

除了同时也是三井集团二木会旗下的金融相关企业，员工平均年薪突破 1000 万日元的只有住友商事一家。

住友林业、住友化学、大日本住友制药、NEC、住友金属矿山等的员工平均年薪约为 800 万日元。住友电气工业、住友重机械工业、日本板硝子等的平均年薪为 700 万日元左右。

住友不动产的平均年薪超过了新日铁住金（住友金属工业经营整合后的新公司，曾为白水会成员），在 600 万日元左右，这与平均年薪超过 1000 万日元的三井不动产和三菱地所形成了鲜明对比。

住友化学的主要竞争对手——三菱化学 HD 的平均年薪为 1099 万日元，领先住友化学 255 万日元。不过，三菱化学 HD 的这个数字可能偏高，因为它是一个历史悠久的控股公司，110 名员工的平均年龄为 46.3 岁，比住友化学高出约 6 岁。而住友化学的平均年薪是包括新员工在内的 5895 人的平均值。因此，我们可以认为二者的实际工资水平不相上下。

住友集团的公司数和员工数

白水会成员19家公司集团公司数3476家，集团员工数756821人

公司	集团公司数	集团员工数
三井住友银行	401家	73652人
住友商事	847家	66860人
三井住友信托银行	93家	21852人
住友生命保险	33家	42245人
三井住友海上火灾保险	224家	40617人
NEC	270家	98726人
住友重机械工业	162家	18491人
住友电气工业	390家	240865人
住友化学	260家	31094人
住友酚醛塑料	56家	6358人
住友金属矿山	94家	8734人
住友大阪水泥	56家	2915人
日本板硝子	220家	27463人
住友仓库	64家	3712人
住友不动产	51家	12116人
住友林业	111家	17001人
三井住友建设	26家	4238人
住友橡胶工业	92家	33185人
大日本住友制药	26家	6697人

※如果设立了控股公司，则使用控股公司的数值。大日本住友制药虽为住友化学的子公司，但由于它是一家上市公司，所以将其数据计入总数。

哪些公司有年薪超1亿日元的董事？

截至2016财年末，住友不动产的10位内部董事的总工资为129700万日元，人均约12970万日元。但实际上，住友不动产只支付了一半左右的工资，剩余部分被用于退职金、作为对业绩下滑导致工资减少的补偿，以及为退任后担任顾问等人员预留的薪酬。因此，我们可以认为住友不动产内部没有年薪超过1亿日元的内部董事。

除了金融相关企业，住友化学、住友商事、住友电气工业、住友橡胶工业等公司均有董事的年薪超过1亿日元。至于日本板硝子，虽然其已退任的执行董事副总经理兼CFO收到了22600万日元的工资，但公司本身只支付了其中的900万日元，其余部分均由板硝子收购的英国子公司支付。

三井住友建设董事的平均年薪为1525万日元，远低于专营企业并购业务的M&A Capital Partners的2253万日元平均年薪。这是因为三井住友建设支付给内部董事、监事和外部董事的总薪酬只有13800万日元，还不到住友不动产142900万日元的10%。

住友集团主要各公司的员工平均薪酬

三井住友金融集团	1272 万日元（平均年龄 39.0 岁）
住友商事	1255 万日元（平均年龄 42.9 岁）
三井住友信托控股	1235 万日元（平均年龄 45.9 岁）
MS&AD 保险集团控股	1146 万日元（平均年龄 47.0 岁）
住友林业	848.3 万日元（平均年龄 41.5 岁）
住友化学	844.4 万日元（平均年龄 40.0 岁）
大日本住友制药	840.3 万日元（平均年龄 42.1 岁）
NEC	833.7 万日元（平均年龄 42.9 岁）
三井住友银行	830.1 万日元（平均年龄 36.5 岁）
住友金属矿山	828.8 万日元（平均年龄 43.1 岁）
住友电气工业	788.0 万日元（平均年龄 41.9 岁）
住友重机械工业	787.5 万日元（平均年龄 43.3 岁）
日本板硝子	762.8 万日元（平均年龄 43.4 岁）
三井住友海上火灾保险	747.2 万日元（平均年龄 40.5 岁）
住友仓库	736.1 万日元（平均年龄 36.2 岁）
住友贝克拉特	727.0 万日元（平均年龄 44.2 岁）
三井住友信托银行	722.0 万日元（平均年龄 42.5 岁）
住友大阪水泥	708.6 万日元（平均年龄 40.7 岁）
三井住友建设	708.0 万日元（平均年龄 46.5 岁）
住友橡胶工业	640.6 万日元（平均年龄 40.6 岁）
住友不动产	632.5 万日元（平均年龄 42.3 岁）
新日铁住金	625.2 万日元（平均年龄 38.7 岁）

注：三井住友金融集团、三井住友信托控股、MS&AD 保险集团控股、三井住友银行、三井住友海上火灾保险、三井住友信托银行、三井住友建设的数据与前文重复。

住友集团主要各公司内部董事的平均年薪

住友不动产	1亿2970万日元（超过1亿日元的人数0人）
住友化学	8514万日元（超过1亿日元的人数2人）
住友商事	8430万日元（超过1亿日元的人数1人）
住友仓库	7120万日元（超过1亿日元的人数0人）
住友电气工业	6507万日元（超过1亿日元的人数1人）
住友橡胶工业	6312万日元（超过1亿日元的人数1人）
住友林业	6087万日元（超过1亿日元的人数0人）
住友重机械工业	5262万日元（超过1亿日元的人数0人）
NEC	5050万日元（超过1亿日元的人数0人）
住友金属矿山	4933万日元（超过1亿日元的人数0人）
三井住友金融集团	4625万日元（超过1亿日元的人数3人）
住友贝克拉特	4128万日元（超过1亿日元的人数0人）
住友大阪水泥	3616万日元（超过1亿日元的人数0人）
MS&AD保险集团控股	3587万日元（超过1亿日元的人数2人）
日本板硝子	2700万日元（超过1亿日元的人数1人）
三井住友信托控股	2783万日元（超过1亿日元的人数0人）
三井住友建设	1525万日元（超过1亿日元的人数0人）
新日铁住金	8688万日元（超过1亿日元的人数2人）

注：三井住友金融集团、MS&AD保险集团控股、三井住友信托控股、三井住友建设的数据与前文内容重复。

第三章

世界市场的渗透程度

海外销售比例反映的事实

在21世纪的世界，企业要想生存下去，就必须向世界市场渗透。对于日本三大财阀而言，如何有效拓展海外业务是一大课题。为了深入了解它们的海外拓展情况，我们可以参考“有价证券报告书（2015年度）”中的销售地区信息。

根据相关规定，如果企业在海外的销售额达到总销售额的10%以上，就必须公开这部分信息。因此，我们可以通过此信息来了解各企业的海外拓展程度。

下面，我们将列举三菱金曜会、三井二木会和住友白水会的成员企业在有价证券报告书中公开的销售地域信息，包括总销售额、海外销售额和海外销售比率三个方面。

值得一提的是，三井住友银行和三井住友信托银行虽然是住友白水会的成员，但分别隶属于三井二木会的三井金融公司和三井住友信托控股公司。因此，我们在此将它们都划归三井财团。

三菱集团（金曜会）各公司的海外渗透度

（圆饼图中的数字为 %）

总销售额：571441900 万日元 三菱 UFJ 金融集团（三菱东京 UFJ 银行、三菱 UFJ 证券控股公司、三菱 UFJ 信托银行） 海外销售额：219987800 万日元 海外销售比例：38.5%	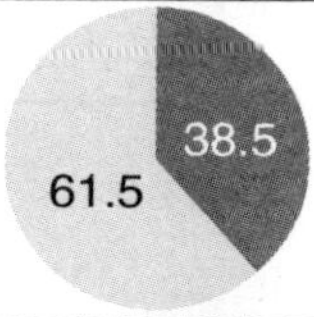
三菱电机 总销售额：439435300 万日元 海外销售额：187315900 万日元 海外销售比例：42.6%	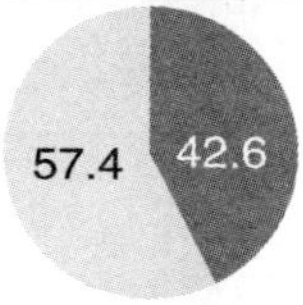
三菱重工业 总销售额：404681000 万日元 海外销售额：224188500 万日元 海外销售比例：55.4%	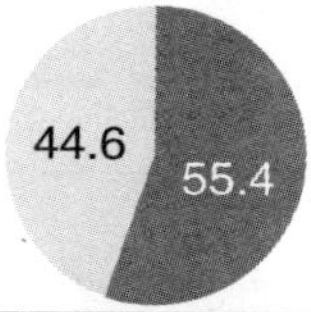
三菱汽车 总销售额：226784900 万日元 海外销售额：185493500 万万日元 海外销售比例：81.8%	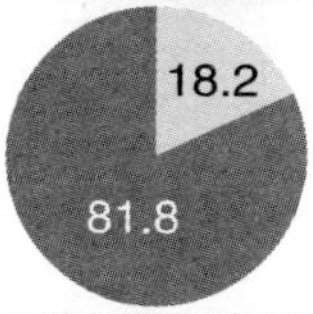
尼康 总销售额：82291500 万日元 海外销售额：70646600 万日元 海外销售比例：85.8%	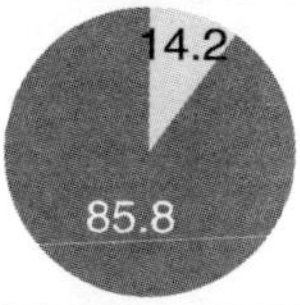
三菱化工机 总销售额：3930000 万日元 海外销售额：396800 万日元 海外销售比例：10.1%	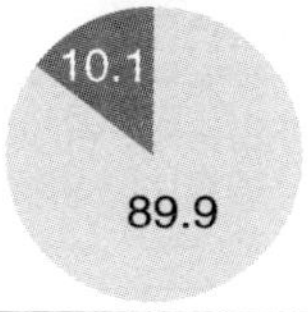

JX 控股 总销售额：873781800 万日元 海外销售额：158041800 万日元 海外销售比例：18.1%	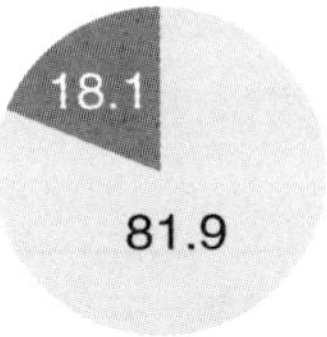
三菱化学控股（三菱化学、三菱人造纤维、三菱树脂） 总销售额：382309800 万日元 海外销售额：165907700 万日元 海外销售比例：43.4%	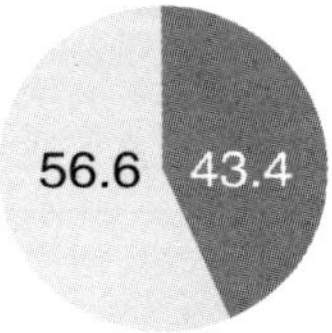
三菱瓦斯化学 总销售额：59350200 万日元 海外销售额：31940100 万日元 海外销售比例：53.8%	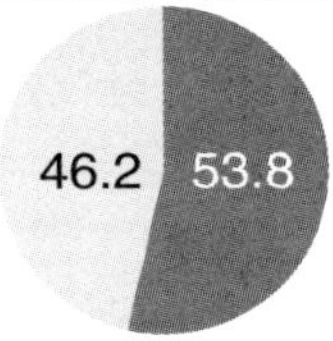
三菱材料（三菱材料、三菱铝业） 总销售额：141789500 万日元 海外销售额：50700100 万日元 海外销售比例：35.8%	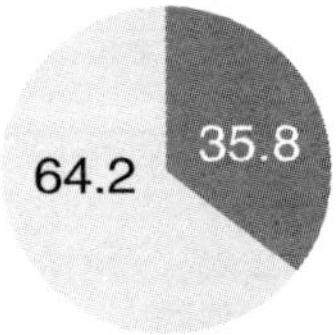
旭硝子 总销售额：132629300 万日元 海外销售额：94246000 万日元 海外销售比例：71.1%	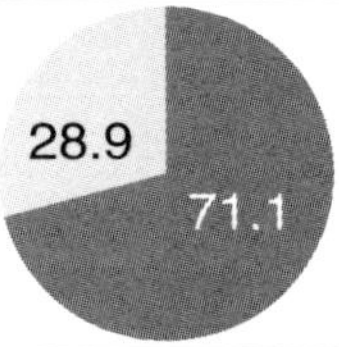
三菱制钢 总销售额：10653900 万日元 海外销售额：4050900 万日元 海外销售比例：38%	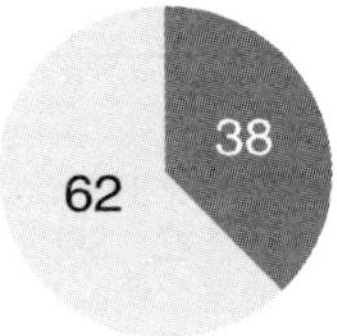

三菱制纸 总销售额：21634000 万日元 海外销售额：6721000 万日元 海外销售比例：31.1%	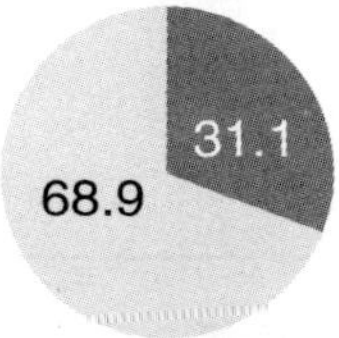
麒麟控股 总销售额：219692500 万日元 海外销售额：76118300 万日元 海外销售比例：34.6%	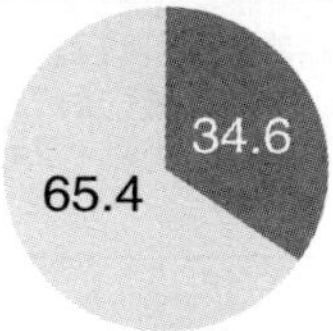
三菱商事 总销售额：692558200 万日元 海外销售额：237719100 万日元 海外销售比例：34.3%	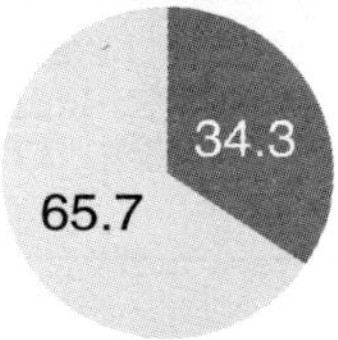
日本邮船（日本邮船、日邮物流） 总销售额：227231500 万日元 海外销售额：58139500 万日元 海外销售比例：25.6%	
三菱仓库 总销售额：20683100 万日元 海外销售额：2354000 万日元 海外销售比例：11.4%	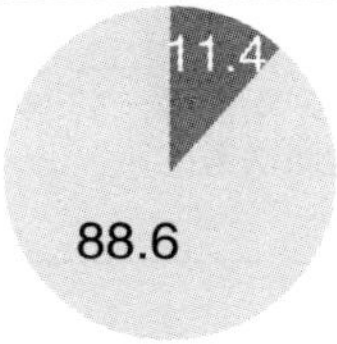

★这 17 家三菱集团（金曜会）的企业的总销售额为 4510878400 万日元，海外销售额总计 1773967600 万日元，海外销售比例为 39.3%。

三井集团（二木会）各公司的海外渗透度（圆饼图中的数字为 %）

三井住友金融集团 总销售额：477210000 万日元 海外销售额：117927500 万日元 海外销售比例：24.7%	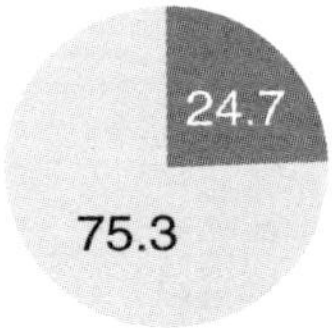
三井住友信托控股 总销售额：119890400 万日元 海外销售额：14673600 万日元 海外销售比例：12.2%	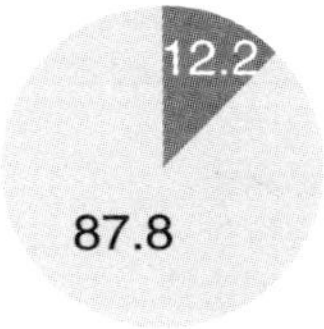
三井住友建设 总销售额：41495800 万日元 海外销售额：6492300 万日元 海外销售比例：15.6%	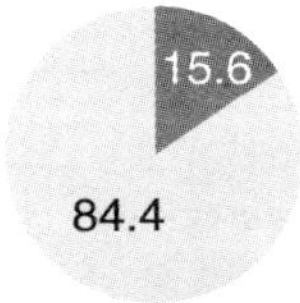
东芝 总销售额：566868800 万日元 海外销售额：336801100 万日元 海外销售比例：59.4%	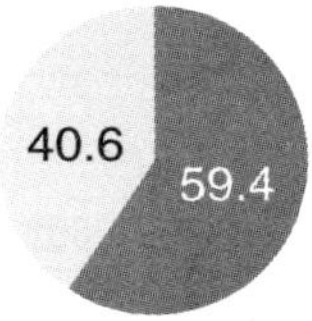
IHI 总销售额：153938800 万日元 海外销售额：79692300 万日元 海外销售比例：51.8%	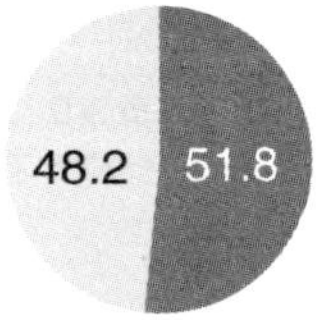

三井造船 总销售额：80541300 万日元 海外销售额：55170300 万日元 海外销售比例：68.5%	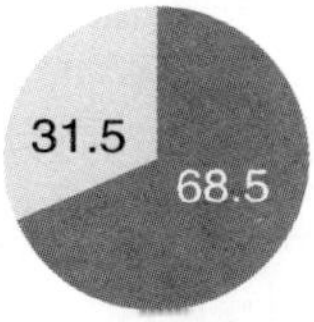
富士胶卷控股 总销售额：249162400 万日元 海外销售额：148580600 万日元 海外销售比例：59.6%	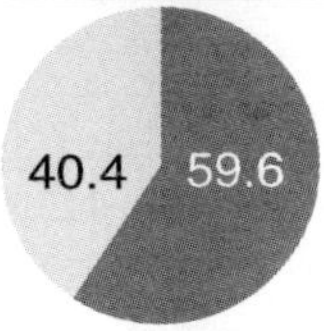
东丽 总销售额：210443000 万日元 海外销售额：110933700 万日元 海外销售比例：52.7%	
三井化学 总销售额：134389800 万日元 海外销售额：59816000 万日元 海外销售比例：44.5%	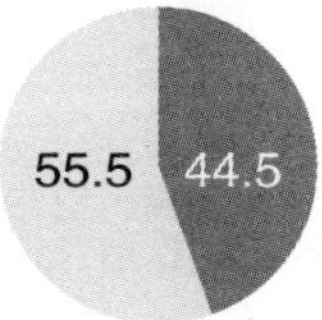
Denka 总销售额：39685300 万日元 海外销售额：13877100 万日元 海外销售比例：37.5%	
三井金属矿业 总销售额：45055300 万日元 海外销售额：19792700 万日元 海外销售比例：43.9%	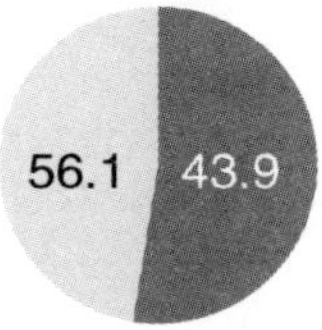

太平洋水泥 总销售额：83535900 万日元 海外销售额：20568700 万日元 海外销售比例：24.6%	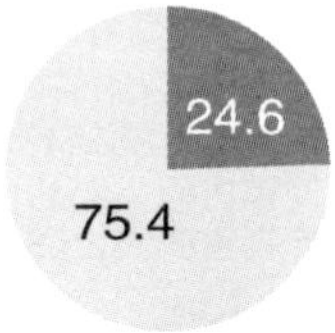
日本制钢所 总销售额：22330100 万日元 海外销售额：12299700 万日元 海外销售比例：55.1%	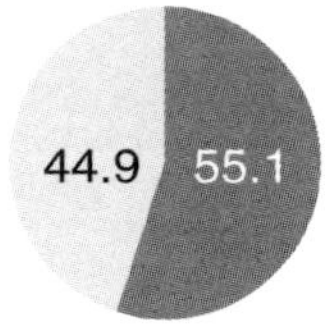
王子控股 总销售额：143359500 万日元 海外销售额：39902600 万日元 海外销售比例：27.8%	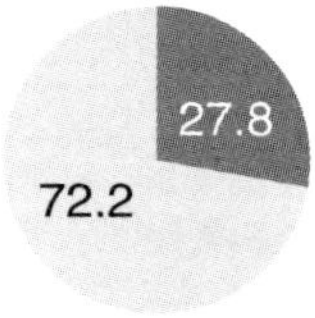
日本制纸 总销售额：100709700 万日元 海外销售额：13894700 万日元 海外销售比例：13.8%	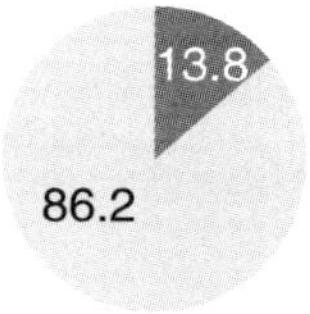
三井物产 总销售额：475969400 万日元 海外销售额：261842000 万日元 海外销售比例：55%	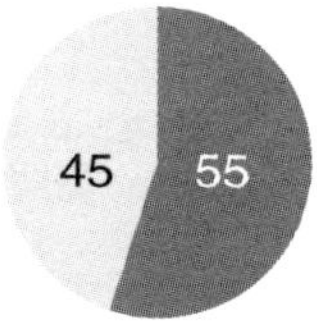
商船三井 总销售额：171222200 万日元 海外销售额：27925400 万日元 海外销售比例：16.3%	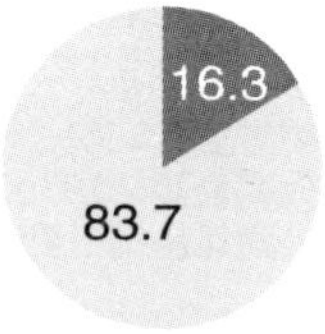

三井仓库控股 总销售额：21297100 万日元 海外销售额：5859000 万日元 海外销售比例：27.5%	

★这 18 家三井集团（二木会）的企业的总销售额为 3134404800 亿日元，海外销售额总计 1346049300 亿日元，海外销售比例为 42.9%。

住友集团（白水会）各公司的海外渗透度（圆饼图中的数字为 %）

三井住友建设 总销售额：41495800 万日元 海外销售额：6492300 万日元 海外销售比例：15.6%	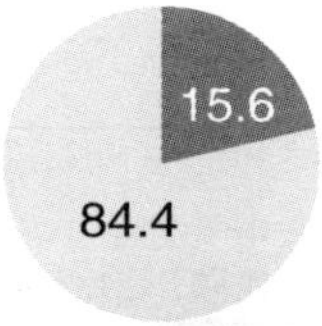
住友林业 总销售额：104052400 万日元 海外销售额：18380900 万日元 海外销售比例：17.7%	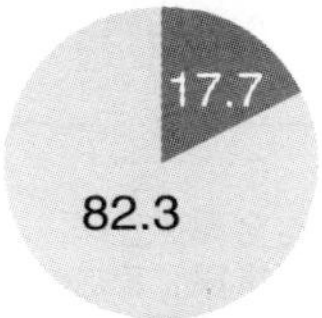
NEC 总销售额：282118100 万日元 海外销售额：60316900 万日元 海外销售比例：21.4%	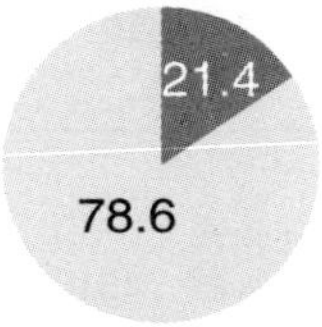

住友重机械工业 总销售额：70083800 万日元 海外销售额：36831900 万日元 海外销售比例：52.6%	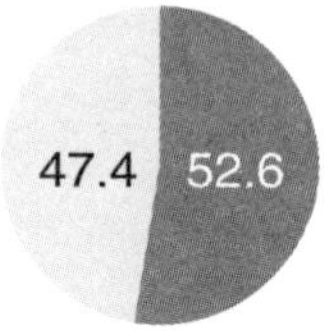
住友化学 总销售额：210176400 万日元 海外销售额：128923200 万日元 海外销售比例：61.3%	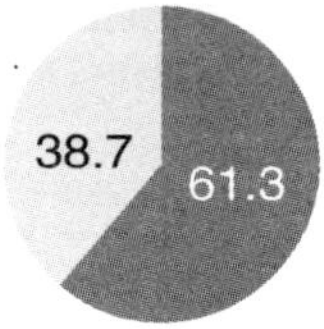
住友酚醛塑料 总销售额：20695600 万日元 海外销售额：12221900 万日元 海外销售比例：59.1%	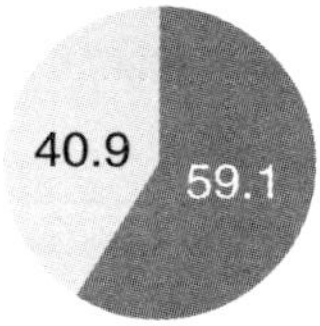
住友电气工业 总销售额：293308900 万日元 海外销售额：174613800 万日元 海外销售比例：59.5%	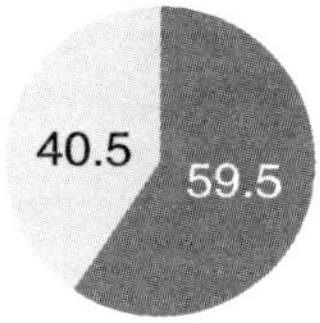
住友金属矿山 总销售额：85540700 万日元 海外销售额：34023000 万日元 海外销售比例：39.8%	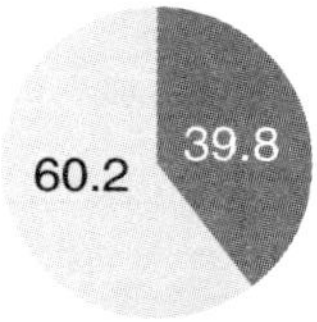
住友商事 总销售额：401080800 万日元 海外销售额：241408800 万日元 海外销售比例：60.2%	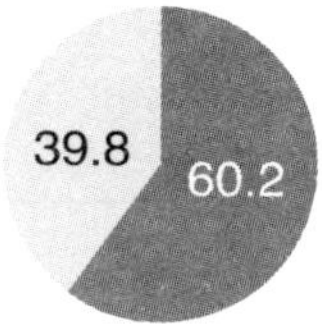

住友橡胶工业 总销售额：84866300 万日元 海外销售额：47740400 万日元 海外销售比例：56.3%	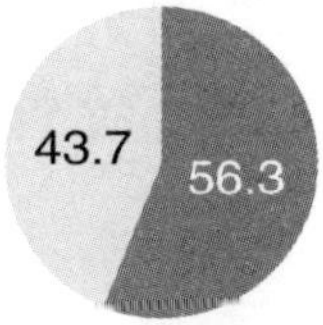
大日本住友制药 总销售额：40320600 万日元 海外销售额：21305100 万日元 海外销售比例：52.8%	

★这 11 家住友集团（白水会）的企业的总销售额为 1633739400 万日元，海外销售额总计 782258200 万日元，海外销售比例为 47.9%。

综上所述，单纯从海外渗透度来看，如下所示，由低到高依次为三菱集团、三井集团和住友集团。

三大财阀的海外渗透度

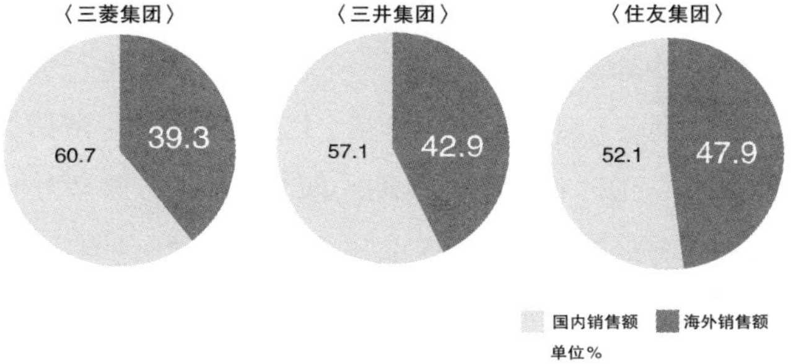

进军海外的先锋
——商社作为核心大显身手

商社的英译为“trading company”。就像字面意思那样，商社是一种“经商的公司”，全世界各国都有它的身影。但是，日本的商社（尤其是综合商社）尤其特别，在世界上独一无二。它们经营种类繁多的商品，不但具备金融和组织功能，同时还具备信息收集等功能。

这些综合商社为日本的高度经济成长作出了巨大贡献。它们肩负重任，为资源匮乏的日本筹集各种资源，将其加工成工业制品销往世界各国，然后赚取外币。在此种意义上，三菱商事、三井物产和住友商事三家公司一度在其各自所属的财阀中处于核心地位。

此后，随着各家厂商逐渐独立打通海外销路，所谓“商社的冬天”的时代来临。但是，日本商社一方面努力加速优化物流网，另一方面，它们通过利用自身积累的国际网络投资国内外企业，提升了商社的收益。

特别是近年来，国际交易一年 365 天不分昼夜地进行。这使得日本企业进驻海外时，比以往任何时候都更需要信息的时效性和准确性。因此，商社作为经济活动“先锋”

的职责比以往任何时候都显得更有必要。

当然，三菱商事、三井物产和住友商事在世界各地都设有分支机构（以下简称“机构”）。其中，三菱商事在日本设有 28 个机构，在海外约 90 个国家和地区设有 191 个机构；三井物产在日本设有 12 个机构，在海外约 65 个国家和地区设有 126 个机构；住友商事在日本设有 22 个机构，在海外约 66 个国家或地区设有 110 个机构。我们将各公司的主要机构所在区域划分为亚太、北美和南美、欧洲、中亚和中东以及非洲，并呈现在下表中。

三菱商事、三井物产和住友商事在亚太地区的机构

进驻地	三菱商事	三井物产	住友商事
中国	三菱商事（中国）、三菱商事（上海）上海总部、三菱商事（上海）武汉分部、三菱商事（上海）成都分部、三菱商事（上海）厦门分部、三菱商事（青岛）、三菱商事（大连）、三菱商事（中国）商业、三菱商事（广州）、香港三菱商事 香港总部、香港三菱商事深圳办事处、台湾三菱商事，另有 7 家主要附属子公司和相关公司	三井物产（中国）、三井物产（中国）大连分公司、三井物产（中国）长春分公司、三井物产（中国）沈阳办事处、三井物产（中国）西南分公司、三井物产（中国）天津分公司、三井物产（中国）青岛分公司、三井物产（中国）呼和浩特办事处、三井物产北京事务所、三井物产（上海）、三井物产（上海）南京分公司、三井物产（上海）武汉分公司、三井物产（上海）宁波办事处、三井物产（上海）苏州办事处、三井物产（广东）、三井物产（广东）长沙办事处、台湾三井物产、台湾三井物产 高雄办事处、台湾三井物产 新竹办事处	中国住友商事北京总部、中国住友商事成都事务所、中国住友商事长春事务所、中国住友商事武汉事务所、中国住友商事大连事务所、上海住友商事上海总部、上海住友商事苏州事务所、天津住友商事、青岛住友商事、广州住友商事、香港住友商事、住友商事北京事务所、台湾住友商事台北总部、台湾住友商事高雄分部
蒙古	三菱商事乌兰巴托事务所	三井物产乌兰巴托事务所	住友商事乌兰巴托事务所
韩国	韩国三菱商事首尔本部、韩国三菱商事光阳事务所、韩国三菱商事浦项事务所，另有 1 家主要附属子公司和相关公司	韩国三井物产	韩国住友商事首尔本部、韩国住友商事釜山分部
新加坡	三菱商事新加坡分部，另有 1 家主要附属子公司和相关公司	亚太三井物产新加坡总部、亚太三井物产新加坡分部	亚太住友商事新加坡总部

（续表）

进驻地	三菱商事	三井物产	住友商事
马来西亚	三菱商事吉隆坡分部，另有3家主要附属子公司和相关公司	亚太三井物产吉隆坡分部、Tejana Trading&Management Service	亚太住友商事吉隆坡总部 Smoor Cahaya
柬埔寨	三菱商事金边境外办事处	三井物产金边事务所	亚太住友商事金边事务所
老挝		亚太三井物产万象事务所	亚太住友商事万象事务所
缅甸	三菱商事仰光境外办事处、三菱商事内比都境外办事处	三井物产仰光事务所、三井物产内比都事务所	亚太住友商事仰光事务所、亚太住友商事内比都办事处
孟加拉国	三菱商事达卡事务所	亚太三井物产达卡分部	亚太住友商事达卡事务所
巴基斯坦	三菱商事卡拉奇分部、三菱商事伊斯兰堡境外办事处、三菱商事拉法尔境外办事处	三井物产卡拉奇事务所、三井物产伊斯兰堡事务所、三井物产拉法尔事务所	亚太住友商事卡拉奇事务所、亚太住友商事伊斯兰堡事务所
泰国	泰国三菱商事曼谷总部、泰国三菱商事合艾事务所、泰MC商事曼谷总部、泰MC商事合艾事务所、另有4家主要附属子公司和相关公司	泰国三井物产、MITSIAM INTERNATIONAL, LIMITED.	泰国住友商事、Sumi-Thai International Limited
菲律宾	三菱商事马尼拉分部	亚太三井物产马尼拉分部	菲律宾住友商事
印度尼西亚	三菱商事雅加达境外办事处、三菱商事泗水境外办事处、印度尼西亚三菱商事，另有6家主要附属子公司和相关公司	印度尼西亚三井物产、三井物产雅加达事务所	印度尼西亚住友商事雅加达总部、印度尼西亚住友商事泗水分部、雅加达项目统筹事务所

（续表）

进驻地	三菱商事	三井物产	住友商事
越南	越南三菱商事河内总部、越南三菱商事胡志明分部，另有 1 家主要附属子公司和相关公司	越南三井物产胡志明总部、越南三井物产河内分部	越南住友商事河内本部、越南住友商事胡志明分部、越南住友商事岘港分部
印度	三菱商事新德里分部、印度三菱商事新德里总部、印度三菱商事孟买分部、印度三菱商事金奈分部、印度三菱商事加尔各答分部，另有 2 家主要附属子公司和相关公司	印度三井物产新德里总部、印度三井物产孟买分部、印度三井物产金奈分部	印度住友商事新德里本部、印度住友商事孟买分部、印度住友商事金奈分部
澳大利亚	澳大利亚三菱商事墨尔本总部、澳大利亚三菱商事悉尼分部、澳大利亚三菱商事珀斯分部，另有 8 家主要附属子公司和相关公司	澳大利亚三井物产墨尔本总部、澳大利亚三井物产悉尼分部、澳大利亚三井物产布里斯班分部、澳大利亚三井物产珀斯分部	澳大利亚住友商事悉尼总部、澳大利亚住友商事墨尔本分部、澳大利亚住友商事珀斯办事处
新西兰	新西兰三菱商事	新西兰三井物产	澳大利亚住友商事奥克兰办事处

三菱商事、三井物产和住友商事在北美和南美的机构

进驻地	三菱商事	三井物产	住友商事
美国	北美三菱商事、美国三菱商事，另有21家主要附属子公司和相关公司	美国三井物产纽约总部、美国三井物产华盛顿DC办事处、美国三井物产克利夫兰分部、美国三井物产纳什维尔分部、美国三井物产芝加哥分部、美国三井物产休斯顿分部、美国三井物产洛杉矶分部、美国三井物产西雅图分部、美国三井物产硅谷分部	美国住友商事纽约本部、美国住友商事底特律店、美国住友商事华盛顿事务所、美国住友商事芝加哥店、美国住友商事休斯顿店、美国住友商事丹佛店、美国住友商事波特兰店、美国住友商事洛杉矶店
加拿大	加拿大三菱商事温哥华总部、加拿大三菱商事多伦多分部，另有4家主要附属子公司和相关公司	加拿大三井物产多伦多总部、加拿大三井物产卡尔加里分部、加拿大三井物产温哥华分部	加拿大住友商事卡尔加里总部、加拿大住友商事多伦多店、加拿大住友商事温哥华店、加拿大住友商事蒙特利尔店
墨西哥	墨西哥三菱商事，另有3家主要附属子公司和相关公司	墨西哥三井物产墨西哥城总部、墨西哥三井物产蒙特雷办事处、墨西哥三井物产巴希奥办事处	墨西哥住友商事
阿根廷	阿根廷三菱商事	阿根廷三井物产	阿根廷住友商事
厄瓜多尔	三菱商事基多事务所		厄瓜多尔住友商事
危地马拉	三菱商事危地马拉境外办事处		住友商事危地马拉事务所
哥伦比亚	哥伦比亚三菱商事		哥伦比亚住友商事
智利	智利三菱商事，另有3家主要附属子公司和相关公司	智利三井物产	智利住友商事

（续表）

进驻地	三菱商事	三井物产	住友商事
古巴			住友商事哈瓦那事务所
巴拿马	巴拿马三菱商事，另有1家主要附属子公司和相关公司		
巴拉圭	三菱商事亚松森境外办事处		
巴西	巴西三菱商事圣保罗总部、巴西三菱商事里约热内卢分部、巴西三菱商事贝洛奥里藏特分部	巴西三井物产圣保罗总部、巴西三井物产里约热内卢分部、巴西三井物产贝洛奥里藏特办事处、巴西三井物产玛瑙斯办事处	巴西住友商事圣保罗本部、巴西住友商事里约热内卢分部
委内瑞拉	委内瑞拉三菱商事加拉加斯总部、委内瑞拉三菱商事奥尔达斯港事务所，另有1家主要附属子公司和相关公司		
秘鲁	秘鲁三菱商事，另有2家主要附属子公司和相关公司	秘鲁三井物产	秘鲁住友商事
玻利维亚	三菱商事拉巴斯境外办事处		

三菱商事、三井物产和住友商事在欧洲的机构

进驻地	三菱商事	三井物产	住友商事
意大利	意大利三菱商事	意大利三井物产	欧洲住友商事米兰分部
荷兰	荷兰三菱商事，另有 9 家主要附属子公司和相关公司		
西班牙	西班牙三菱商社，另有 1 家主要附属子公司和相关公司	欧洲三井物产西班牙分部	西班牙住友商事
德国	德国三菱商事杜塞尔多夫总部、德国三菱商事法兰克福分部、德国三菱商事柏林分部，另有 1 家主要附属子公司和相关公司	德国三井物产杜塞尔多夫总部	德国住友商事
保加利亚	三菱商事索菲亚境外办事处		
希腊	希腊三菱商事	欧洲三井物产雅典分部	
塞尔维亚	三菱商事贝尔格莱德境外办事处		
挪威	三菱商事奥斯陆驻员，另有 1 家主要附属子公司和相关公司	挪威三井物产	欧洲住友商事挪威分部
波兰	三菱商事华沙分部、另有 1 家主要附属子公司和相关公司	德国三井物产华沙分部	欧洲住友商事华沙分部
英国	三菱商事欧洲·非洲综合、欧洲三菱商事，另有 15 家主要附属子公司和相关公司	欧洲三井物产、欧洲三井物产阿伯丁办事处	欧洲住友商事控股、欧洲住友商事伦敦总部

（续表）

进驻地	三菱商事	三井物产	住友商事
爱尔兰		欧洲三井物产都柏林分部	
瑞典	三菱商事斯德哥尔摩驻员		
捷克	三菱商事布拉格事务所	德国三井物产布拉格分部	欧洲住友商事布拉格分部
法国	法国三菱商事	欧洲三井物产巴黎分部	法国住友商事
比利时		比利时三井物产	比利时住友商事
罗马尼亚	三菱商事布加勒斯特境外办事处	德国三井物产布加勒斯特分部	
匈牙利		德国三井物产布达佩斯分部	
俄罗斯	俄罗斯三菱商事莫斯科总部、俄罗斯三菱商事海参崴分部，另有2家主要附属子公司和相关公司	三井物产莫斯科、三井物产莫斯科圣彼得堡分部、三井物产莫斯科海参崴分部、三井物产哈巴罗夫斯克事务所、三井物产南萨哈林斯克事务所	
乌克兰	三菱商事基辅事务所	三井物产基辅事务所	

三菱商事、三井物产和住友商事在中亚和中东的机构

进驻地	三菱商事	三井物产	住友商事
阿塞拜疆	三菱商事巴库事务所	三井物产巴库事务所	
乌兹别克斯坦	三菱商事塔什干事务所	三井物产塔什干事务所	
哈萨克斯坦	三菱商事阿斯塔纳境外办事处、三菱商事阿拉木图境外办事处	三井物产阿斯塔纳事务所、三井物产阿拉木图事务所	
土库曼斯坦	三菱商事阿什哈巴德境外办事处		
土耳其	三菱商事伊斯坦布尔分部、三菱商事安卡拉分部，另有1家主要附属子公司和相关公司	欧洲三井物产伊斯坦布尔分部	土耳其住友商事伊斯坦布尔本部、土耳其住友商事安卡拉办事处
阿拉伯联合酋长国	三菱商事中东·中亚综合事务所、三菱商事阿布扎比境外办事处、中东三菱商事Trading	中东三井物产、中东三井物产阿布扎比事务所、中东三井物产迪拜事务所、中东三井物产杰拜勒·阿里事务所	中东住友商事、住友商事阿布扎比事务所
以色列	三菱商事特拉维夫驻员	三井物产特拉维夫事务所	
伊拉克	三菱商事巴士拉境外办事处	三井物产巴格达事务所	住友商事巴格达事务所、住友商事埃尔维尔事务所
伊朗	伊朗三菱商事	伊朗三井物产	伊朗住友商事
埃及	三菱商事开罗境外办事处	三井物产开罗事务所	住友商事开罗事务所
阿曼	三菱商事马斯喀特境外办事处	中东三井物产马斯喀特事务所	住友商事马斯喀特事务所

（续表）

进驻地	三菱商事	三井物产	住友商事
卡塔尔	三菱商事多哈事务所	中东三井物产多哈事务所	住友商事卡塔尔事务所
科威特	科威特三菱商事	科威特三井物产	住友商事科威特事务所
沙特阿拉伯	三菱商事利雅得事务所、三菱商事利雅得境外办事处、三菱商事吉达事务所、三菱商事吉达境外办事处、三菱商事阿可贺巴事务所、三菱商事阿可贺巴境外办事处，另有1家主要附属子公司和相关公司	三井物产沙特阿拉伯分部、三井物产沙特阿拉伯分部阿可贺巴事务所、三井物产沙特阿拉伯事务所	沙特阿拉伯住友商事阿可贺巴总部、沙特阿拉伯住友商事利雅得分部、沙特阿拉伯住友商事吉达分部
约旦	三菱商事安曼境外事务所、三菱商事伊拉克联络事务所	中东三井物产安曼事务所	住友商事安曼事务所
巴林		中东三井物产巴林公司	住友商事巴林事务所
叙利亚			住友商事大马士革事务所
利比亚			住友商事的黎波里事务所

三菱商事、三井物产和住友商事在非洲的机构

进驻地	三菱商事	三井物产	住友商事
肯尼亚	三菱商事内罗毕境外办事处	欧洲三井物产内罗毕分部	住友商事内罗毕事务所
坦桑尼亚	三菱商事达累斯萨拉姆境外办事处		住友商事达累斯萨拉姆事务所
南非	三菱商事约翰内斯堡境外办事处	欧洲三井物产约翰内斯堡分部	非洲住友商事
阿尔及利亚	三菱商事阿尔及尔境外办事处	欧洲三井物产阿尔及尔分部	住友商事阿尔及尔事务所
科特迪瓦	三菱商事阿比让境外办事处		
突尼斯	三菱商事突尼斯城境外办事处		
莫桑比克	三菱商事马普托境外办事处	欧洲三井物产马普托境外办事处	住友商事马普托事务所
埃塞俄比亚	埃塞俄比亚三菱商事		
塞内加尔	三菱商事达喀尔境外办事处		
尼日利亚	尼日利亚三菱商事		
摩洛哥	三菱商事卡萨布兰卡境外办事处	三井物产卡萨布兰卡境外办事处	住友商事卡萨布兰卡事务所
安哥拉			住友商事罗安达事务所
马达加斯加			住友商事塔那那利佛事务所
加纳		三井物产阿克拉境外办事处	住友商事阿克拉事务所

大银行再次把目光转向海外发展

如果说商社是日本经济海外扩张的先驱，那么日本银行的海外分支机构就可以被视为日本企业海外发展的后勤补给站。

20 世纪 80 年代后期，日本的金融机构非常积极地向海外扩展业务，尤其是它们积极开拓进入美国和欧洲等国际金融中心。除了城市银行，甚至一些地方银行也在海外设立了许多分支机构。1996 年，日本的银行海外分支机构数量一度增加至 380 个。然而，从 20 世纪 90 年代后期开始，随着不良贷款问题的恶化和经济泡沫的破裂，金融机构开始逐步合并和整顿，越来越多的机构开始退出海外业务。2011 年，日本海外分支的数量减少到 92 个，仅为高峰时期的四分之一。

不过自 2012 年以来，随着企业的国际业务扩张，金融机构又开始了新一轮的国际化发展。

第四章

创建三大财阀的重要人物

在维新的浪潮中振兴三菱的岩崎家4代

早在第一章中，我们就提到过日本财阀的起源。在本章中，我们将深挖日本三大财阀的历史。因为从只有它们的历史中,我们才能探寻到日本各个财阀存在的真正原因。

首先是三菱财阀。我们将探讨三菱财阀从创立之后的岩崎家族四代的历史及后来被奉为三菱的指导原则的“三菱三纲领”。众所周知，三菱财阀是由岩崎弥太郎创建的。在 NHK 大河剧《龙马传》中，香川照之的表演备受好评，但他穿着的和服破烂不堪，头发凌乱，牙齿黢黑。“未免也太脏了吧”，三菱财阀对这一形象表达了强烈的不满。

且不论这些，事实上，岩崎弥太郎在极度贫困的时候奠定了三菱的基石。接下来，我们简单回顾一下弥太郎的人生。

后藤象二郎成为创始人岩崎弥太郎的后盾

弥太郎出生于土佐国的井之口村（今高知县安芸市），是地下浪人（在当地定居的浪人）岩崎弥次郎和美和的长子，出生于天保五年12月11日（1835年1月9日）。他本来是甲斐武田的后裔，是乡士的身份。但为了生活，他放弃了乡士的身份成为了地下浪人[5]。而且，他的父亲弥次郎是个酒鬼，经常惹麻烦，给家庭带来了不少困扰。

另外，母亲美和是一位医生的女儿，16岁时嫁到了岩崎家。虽然生活困苦，但她给了弥太郎良好的教育。美和留下了这样的家训：

【母·美和的家训】

一、人不可违背天道。

二、不拖累孩子受累。

三、不因他人中伤而动摇内心。

四、用心守护全家人。

五、无病之时莫粗心。

六、勿忘贫穷之时。

七、任何时候都不失忍耐之心。

在母亲的培养下，弥太郎从小就展现出了不俗的才华，尤以文才见长。约莫14岁的时候，他向当时的藩主山内丰熙献上了他的汉诗，并获得了藩主的认同。安政元年（1854年）秋，21岁的弥太郎赴江户游学，就是江户幕府迫于黑船来航的压力，同美国签订友好条约的那一年。

然而，他的父亲因为在酒宴上闹事锒铛入狱。得知此

[5] 地下浪人：在江户时代的土佐藩，将自己的乡士身份转让给他人，从而失去乡士地位的人。

消息后，弥太郎立刻回国，为父亲申冤。但他也被抓进监狱。出狱后，他又被驱逐出村子。

于是，弥太郎进入了吉田东洋开设的少林塾。因此，当东洋成为土佐藩的参政后，他被提拔为藩吏，被派遣到长崎。

但是，他用藩的钱大肆挥霍，半年后被迫回国。就在这个时候，他和妻子喜势结婚，那时他 27 岁。

弥太郎婚后的生活依然困苦。随着东洋的侄子后藤象二郎就任藩内要职，弥太郎开始转运。为了与欧美各国开展贸易，土佐藩在长崎设立了开成馆长崎办事处（长崎商会）。后藤象二郎任命弥太郎为该办事处的负责人。

长崎商会在明治维新后的明治元年（1868 年）被关闭。弥太郎转赴开成馆大阪办事处（大阪商会），并在次年将其改名为“九十九商会”。此时，他自称“土佐屋善兵卫”。

值得一提的是，创办初期的九十九商会作为船旗号采用的三角菱就是现在三钻标志的原型。三角菱源自岩崎家的家徽“三阶菱”和土佐山内家的家徽“三柏”，是后来公司被命名为“三菱”的一大机缘。

弥太郎第一次赚大钱是在明治四年（1871 年），当时明治政府开始统一国内的纸币和硬币。弥太郎得知明治政府要征购各藩发行的藩札后，他筹集 10 万两[6]资金，大量收购藩札，然后将其转售给明治政府，从而赚得巨额利润。

[6] 两：江户时代货币单位。

实际上，走漏风声的是当时已经成为政府高官的后藤象二郎。用现在的话来说，这是一种内幕交易。不过在那个时代，大家不太有这种概念。而且，作为明治政府而言，他们也有目的，那就是尽快培养出不输给西洋列强的民族资本。

立足于海运业，通过业务多元化来应对竞争对手

弥太郎的事业因此蓬勃发展。明治五年（1872 年），他将九十九商会更名为“三川商会”。在明治六年（1873 年）的废藩置县后，在后藤象二郎的介绍下，弥太郎以承担土佐藩的债务为条件，得到两艘船，创立了“三菱商会”，遂将总部迁至东京。就这样，弥太郎经营的“个人企业三菱”正式开始营业。

明治七年（1874 年），日本出兵中国台湾。对于 54 名漂流至中国台湾的琉球岛民被杀事件，明治政府决定出兵进行“犯罪”调查等活动。

出兵需要大量的船只来运送兵员。当时与三菱商会争夺国内运输份额的日本邮政蒸汽船公司，尽管是由在明治政府中有着巨大影响力的涩泽荣一创办，但却表现得十分消极。理由是他们害怕在执行此任务的时候，国内运输的份额会被三菱商会夺走。

因此，当时的台湾蕃地[7]事务局长、对岩崎有所偏爱的大隈重信决定选择弥太郎的三菱。当时，尽管弥太郎正处于从根本上调整公司经营策略的关键时期，但他回答说："有国家才有三菱，我答应您。"

明治政府在出兵中国台湾时购买了10艘外国船，并将这些船只的运行任务委托给了三菱。后来，又有3艘大型船只被委托给三菱商会。也就是说，在日本出兵中国台湾后，三菱要承担13艘大型船只的运行任务。当时，三菱按照政府的命令开设了日本首个外国定期航线，即横滨—上海航线。而三菱的对手——日本邮政蒸汽船公司被解散。

此外，三菱商会在明治十年（1877年）的西南战争中，独占了政府军的运输业务，从中牟取暴利。然而，对于三菱一家独大的这种状态，在日本国内开始出现很多反对的声音。"三菱就是大隈的资金来源"，谴责之声不绝于耳。

明治十五年（1882年），涩泽荣一、三井财团的益田孝、大仓财团的大仓喜八郎等反三菱派创办了共同运输公司，决心击败三菱。

结果，运费在短短2年内降至原来的十分之一。三菱的经营在这种激烈的价格竞争中陷入困境。

竞争对手除了具有国内势力以外，还有外国资本。例

[7] 蕃地：为1920—1945年间台湾日据时期行政区划中一种特殊制度，在原住民部落未设街庄，而由郡役所直接管辖，郡役所警察课于各社设立警察分室管理。

如美国的太平洋邮船公司和英国的半岛—东方航运公司等。当时，日本海运公司的船以和船和老旧的汽船为主，根本无法与外国资本抗衡。不仅外国航线，甚至沿海运输也在很大程度上受到外国资本的控制。为了同这些敌人对抗，弥太郎开始谋求业务多元化。

他开始打入外汇业务、海上保险、仓储业等领域。同时，他建立起一个闭环体系，即通过三菱的账户进行外汇交易、使用三菱的船只，对货物投保三菱的保险，使用三菱的仓库进行货物装卸。他发明了以货物作为抵押提供资金的“押汇金融”，从而防止业务落入竞争对手之手。

于是，三菱打败了敌对的海运公司，取得了进一步的发展。在这场竞争进行至白热化阶段的1885年2月7日，弥太郎病逝，时年51岁。

第2代弥之助果断出击造船、银行和仓储业

接替弥太郎的是小他16岁的弟弟弥之助。弥之助于明治五年（1872年）去美国留学，就读于康涅狄格州埃灵顿的一所男子学校。在他的父亲弥次郎突然去世的时候，他在弥太郎的恳求下回国，并在明治七年（1874年）秋与后藤象二郎的长女早苗结婚。

明治十五年（1882年）7月，弥之助合并了由三井财

团等反三菱财阀势力共同投资建立的共同运输公司，并创办新公司“日本邮船”。明治十八年（1885 年）9 月，他将三菱商会的海运部门转让出去，退出了海运业。

这一举动象征着三菱从海上转向陆地的重大转型，是为了避免与政府内部的反三菱势力和愈演愈烈的业内对手之间的对立（他们视三菱为眼中钉，并认为三菱的暴富是对国家的背叛）而做出的艰难决策。毫无疑问，这个决策非常正确。

众所周知，尽管日本邮船一度为共同运输系所控制，但是几年后，三菱的员工崭露头角，最终使公司成长为三菱财阀的核心企业。

明治十九年（1886 年），弥之助将三菱商会更名为“三菱社”，并以明治十四年（1881 年）收购的高岛煤矿和明治十七年（1884 年）从明治政府手上租借的官营长崎造船所为核心，不断拓展公司业务。明治二十年（1887 年），弥之助接手长崎造船所，大胆进军造船业。这就是后来的三菱重工业。

明治十八年（1885 年），弥之助收购第 119 国立银行，全面开启三菱的银行业务，这就是现在的三菱东京 UFJ 银行的前身。

明治二十年（1887 年），弥之助创办了东京仓库，这就是现在的三菱仓库。

明治二十三年（1890 年），在接受天皇敕选成为贵族院议员之后，弥之助依然领导着三菱社。在明治二十六年（1893年）商法修订后，他将三菱社改名为“三菱合伙公司”，并把三菱领头人的位置让给弥太郎的长子久弥，自己则成为了第4任日本银行总裁。明治三十一年（1898年），弥之助以生病为由辞去了总裁职务。明治四十一年（1908年），弥之助去世，时年58岁。

第3代久弥和第4代小弥太大力培育核心企业，巩固了三菱

时间来到第3代领导人久弥的时代。此时的三菱内部建立起了包括总务、银行、销售、煤矿、矿山、地产等各个部门，并实行所谓的分权体制。久弥只负责指明三菱公司发展的大方向，其他具体问题则交给下属处理。这正是现在的“组织的三菱”的基础所在。

久弥不仅推行公司内部的改革，同时也开始扩大长崎造船所的规模，新建神户、下关的造船所，并创办了麒麟麦酒。大正五年（1916年），久弥将公司一把手的位置传给了弥之助的长子小弥太。

小弥太是三菱的第4任总裁。他废除了部长制，代之以根据业务设立理事的制度。然后他对三菱采取了一系列分割措施，例如，他在大正六年（1917年）分割出了三菱造船和三菱造纸；在大正七年（1918年）分割出了三菱商

事和三菱矿业；在大正八年（1919 年）分割出了三菱银行；在大正九年（1920 年）分割出了三菱内燃机制造；在大正十年（1921 年）分割出了三菱电机。

至此，发展至今的三菱财团中的核心企业基本都已问世。随着“九一八”事变到第二次世界大战期间军需生产的扩大，三菱实现了飞跃式的发展。

从这个角度来看，我们可以说三菱财团是在日本走向世界、迈入近代化的进程中建立和发展起来的企业组织。

三菱的精神指导“三纲领”的启示

如前所述，从创始人弥太郎到第 4 代领导人小弥太，4 代领导人的强大领导力使三菱能够在明治维新和甲午中日战争后的战争时期，成功成长为大财阀。

不过要进一步巩固组织,此时仍然缺少一些关键元素。

与三井和住友等其他在明治时代以前就有悠久历史的财阀相比，诞生于明治时代初期的三菱缺乏应当传承的文化，或说精神支柱。

昭和九年（1934 年）确定的“立业贸易、处事光明、所期奉公”的“三纲领”，是将三菱整合在一起的重要原则。

这些原则基于第 4 代领导人岩崎小弥太的教导制定，被三菱集团各公司视为它们共同的企业态度和企业活动的导向。

三菱公共信息委员会的官方网站对每个词的含义和小弥太的演讲内容都有详细解释。

三菱三纲领

立业贸易

立足于全球及宇宙的宏观立场开拓事业。

“……至今为止，我们三菱在各个领域都与英国和美国等合作伙伴通力合作。尽管现在我们不幸地被分裂为敌我双方，但保护他们的安全和权益是我们日本人的情义和责任……我坚信，总有一天我们会再次与他们合作，共同为世界和平和人类福祉做出贡献。”〔昭和十六年（1941 年）在三菱协议会上的演讲〕

处事光明

以光明磊落为行动的宗旨，保持经营活动的公开性和透明性。

“过于专注于竞争、急于取得数字上的成就、不择手段，这些都是非常危险的做法。我们必须始终以正义行事。对于不正之事，我们应以正义对待，对于权谋，我们应以正直面对。”〔大正九年（1920 年），在三菱商事株式会社场所长会议上的演讲〕

所期奉公

通过发展事业努力实现物资和精神更加丰富的社会，同时为维护宝贵的地球环境作贡献。

“……生产活动是国家最重要的活动之一。我们参与这项活动，就是接受了国家交给我们的重要任务。因此，我们的业务的最终目标应该是服务国家，我们必须尽力做到最好。”〔大正九年（1920 年），在三菱矿业股份有限公司临时场所长会议上的演讲〕

三井财阀的始祖三井高利和中兴之祖三野村利左卫门

早在第一章中就已经说过，三井财阀始于庆长年间（1596—1615 年），放弃武士身份的三井高俊在伊势松坂（现在的三重县松阪市）开设了一家兼营典当和酒水的店铺。本节中，我们将重点探讨高俊的儿子高利将这个小店做大做强的历程、三野村利左卫门（曾经救助过在明治维新中面临危机的三井）的事迹以及三井家族家宪章程的形成过程。

首先，根据三井家族的家传，三井家的起源可以追溯到藤原道长的六子藤原长家的五代孙藤原右马之介信，在近江国定居并成为武士。

其次，第 12 代三井出羽守乘定从近江半国守护大名的六角氏那里纳高久为养子，并效忠于六角氏。时至高久的第 5 代孙高安时代，他们败于侵入近江的织田信长，之后在松坂定居。

高安的儿子高俊放弃武士身份，开始在松坂开店经营典当、酒水和面豉酱。由于高安被称为“越后守”，所以高俊的店被称为“越后殿的酒屋”。

后来，高俊的四子高利前往江户开设吴服店，奠定了三井财阀的基础。

三井公共信息委员会在其官方网站上写道：

“三井的历史始于三井高利在延宝元年（1673 年）开设的‘越后屋吴服店’。高利通过‘店前销售’和‘现银(金)无附加价格’等划时代的商业方法，成功实现了事业的飞跃式发展。到了 18 世纪，它已经成为世界上规模最大的零售商。”（摘自三井公共信息委员会活动记录）

也即，三井财阀的始祖是高利。

比商业才能横溢的母亲殊法更厉害的高利

三井高利于元和八年（1622 年）在伊势松坂出生。他的父母高俊和殊法生了四男四女，他最小，人们通常叫他八郎兵卫。

父亲高俊对经商毫无兴趣，母亲殊法实际上管理着家里的商铺。

殊法是一个天生的女商人。她采用流当和薄利多销等创新商业策略，成功助力了家业的发展。

高俊的长子俊次继承了他的位置。在宽永年间初期，俊次在江户本町四丁目开设了一家名为“越后屋”的女用杂货店。这家店后来转型为吴服店，人称“钉拔三井家”。

此外，高俊的二儿子弘重和三儿子重俊也各自在江户和松坂开了属于自己的店铺。

高利 14 岁时离家去江户，在哥哥俊次的吴服店工作。他像伙计一样边工作边积累经验，后来，连本町四丁目的店都交给他打理了。

不过在哥哥们的要求下，他又回到松坂照顾生病的母亲。不过也有传言称，他的哥哥们畏惧他的商业才能，所以才将他驱逐出江户。

回到故乡的高利，迎娶了富商中川的长女，并利用在江户赚取的钱进入了金融业。他低调行事，静静地等待着事业的飞跃。

在哥哥俊次去世后的延宝元年（1673 年），高利在母亲的应允下，在江户本町一丁目开设了自己的吴服店“越后屋”。

他自己虽然没有去江户，但把长子高平派过去了。他用超越母亲的商业才能使自己店铺的生意无比兴隆。

值得一提的是，三井家族的标志——“井格三”，是高利作为三井越后屋的店铺标志确定下来的，据说在延宝五年（1677 年）左右就已经开始使用。而且据说此图案和母亲殊法的梦想息息相关。

革新式的定价销售和店面销售在江户市民中引起了轰动!

所以，高利超越他母亲的商业策略到底是什么呢?

当时，吴服店的常规商业策略是先用后付（赊账），而且商品没有定价，商品的成交价格是通过与客户的讨价还价来确定的。一般在客户那里展示样品，然后以一反[8]为单位进行销售。

高利摒弃了往常的这些做法。他引入了现金交易、根据客户的需求量销售布匹以及在店门口直接销售（店面销售）等方法。这些新方法备受江户市民欢迎，人们都说“越后屋的买卖是诚实又可靠的”。

然而,这种打破传统的新方法引发了同行强烈的反感。他开始遭受商业破坏,例如店门口被泼粪尿等。见此情况,高利在天和二年（1682 年）将店铺从本町一丁目迁至邻近的骏河町。为了让店里的人更加团结，同时也为了凸显与其他店铺的差异,他开始使用“井格三”作为店铺的商标。

此时，虽然高利已经将他的基地从松坂迁到了京都，但“越后屋”的销售额很快就超过了“钉拔三井家”，并在贞享四年（1687 年）成为了幕府的库房供应商，在元禄二年（1689 年）作为幕府御用的供应商，成为幕府官方认

[8] 反：布匹单位，一反宽约 34 厘米、长 10 米。

可的大型店铺。

他还开始了货币兑换业务，并在元禄三年（1690 年）承包了幕府的汇兑业务。此外，他还在京都和大阪开设了货币兑换店，又取得了成功。越后屋由此成为了江户时代屈指可数的富商，高利也确立了自己在三井家族中的领导地位。

高利的遗志将三井十一家团结在一起

高利有 10 个婚内子女和一个私生子，他去世的时候，为了防止子女们分割财产，他嘱咐他们要团结一致，将个人财产视为家族领导下的兄弟姐妹的共同财产。

他的遗言使三井家族成为了一个紧密团结的组织，使其在整个江户时代都能保持豪商的地位。

高利子女们的各个家族在高利去世的元禄七年（1694 年），设立了总领家事和家业的管理机构“三井大元方”。高利的长子高平通过整理记录高利的遗嘱的《宗寿样元禄之御遗书》，将其汇总成了《宗竺遗书》（宗竺是高平的隐居名）。其内容大致如下：

·不能扩大家族范围，家族范围只限定在本家和连家。无限制扩大家族范围势必会引发骚乱。

·结婚、负债、债务保证等行为必须经过同族商议协定，方可决策推进。

·每年的收入中一部分定额作为家族公积金储存，剩余的金额则按照一定的比例分配给家族成员。

·人必须终生工作。不得毫无理由隐居和贪图安逸。

·切勿染指大名借债。其资金回笼非常困难，又容易滋生腐败，一旦深陷其中，就会造成毁灭性的打击。在万不得已的情况下，可以酌情进行小金额贷款，且最好不要期待能够收回资金。

·及时止损对生意非常重要。一时的损失好过日后的巨大损失。

·有领导力的人必须精通各项业务。三井家族的孩童必须要从学徒开始，逐步熟悉和精进业务。

（摘自三井公共信息委员会主页）

这份《宗竺遗书》在三井家族中代代相传，直到明治三十三年（1900年）被改编为共10章109条的“三井家宪”。在超过200年的时间里，这份遗书一直被视为三井家族的精神指南，而“三井十一家”也一直保持团结一致，拥护着三井家族。“三井十一家”由以下家族组成：

【三井十一家】

（高利的男性后代）

北家：高利的长子（高平）的后代

伊皿子家：高利的次子（高富）的后代

新町家：高利的三子（高治）的后代

室町家：高利的四子（高伴）的后代

南家：高利的六子（高久）的后代

小石川家：高利的九子（高春）的后代

（高利的女性后代）

松坂家：高利的长女（みね）及其丈夫（孝贤）的后代

永坂町家：高利的五子（安长）的长女（みち）及其丈夫（高古）的后代

小野田家：高利的长子（高平）的妻子（かね）的娘家

长井家：高利的四女（かち）的后代

家原家：北家的第三代（高房）的长女（りく）的后代

其中，北家、伊皿子家、新町家、室町家、南家、小石川家被称为“本家”，而松坂家、永坂町家、小野田家、长井家、家原家则被称为“连家”，本家中北家为“总领家”。

进入明治时代后，小野田家、长井家、家原家中断，取而代之的是五丁目家（北家的第8代高福的次子高尚的后代）、一本松町家（伊皿子家的第6代高生的次子高信的后代）、本村町家（小石川家的第7代高喜的次子高明的后代），他们作为连家走向兴盛。

创办三井银行的“中兴之祖”——三野村利左卫门的事迹

三井家族切实遵循《宗竺遗书》的内容，成就了江户时期的繁荣。但是在幕府末期，三井开始面临各种问题，例如总店越后屋陷入经营不善，货币兑换店由于不良贷款长期累积、导致资金周转出现困难等。

此外，由于幕府末期的动乱，江户幕府急需军费，因此从三井家族征收的税金急剧增加。幕府甚至一面暗示要没收财产，一边强迫三井家族支付这笔钱。在三井家面临危机时刻，被誉为三井财阀中兴之祖的美野川（纪伊国屋）利八发挥了关键作用。

他于文政四年（1821 年）出生，是出羽庄内藩士关口松三郎的次子。后来，由于父亲松三郎成为了木村家的养子，于是他也改姓木村。随着松三郎离开了木村家成为浪人，他和父亲开始了在各地流浪的生活。

文政十年（1827 年），他来到江户，在深川的干鳀鱼批发商处做学徒。后来，他又在旗本[9]小栗忠高手下当仆

[9] 旗本：在江户时代，指将军直属武士中领地不满一万石，但有面见将军资格者。

役长。弘化二年（1845 年），他成为了主营菜籽油和砂糖的纪伊国屋的老板美野川利八的养女婿，并继承了他的名字。不久后，利八开始了他的货币兑换业务。万延元年（1860 年），他从小栗忠顺那里得知幕府将进行小判货币改革。于是，他提前买下天保小判，然后赚了一大笔钱。

注意到利八的是陷入困境的三井。由于利八与小栗忠高来往甚密，于是三井请求利八与幕府进行谈判，要求减免税金。利八随即展开针对江户幕府的税金减免运动，并持续反映三井的困境。双方在多次达成减额和分期缴纳的协议后，最后将税金减免为零。

就这样，三井走出了破产危机。庆应二年（1866 年），三井以破格的待遇将利八招至麾下。利八随之将美野川的“美”改为三井的“三”，并取养父木村姓中的“村”代替“川”，同时将名改为“利左卫门”。此后，他便以“三野村利左卫门”自居。

利左卫门被任命为“三井御用所”的负责人。这是一个新设立的职位，负责管辖江户勘定所贷款业务、用于处理外国相关事务的经费以及特定官厅的用品承办商人的业务。

成功度过危机的三井在大政奉还后，加强了与明治新政府的关系，这也是利左卫门指挥下的结果。明治元年（1868 年），以会计事务局的汇兑部门作为起点，利左卫门开始在明治政府中身居要职，接手了明治政府为了度过财政困难而组织的“太政官札”的发行事务。据说，这也是为了给明治政府送人情。

在利左卫门的推动下，三井与明治政府的大隈重信、井上馨、涩泽荣一等重要人物建立了紧密的联系，并在明治四年（1871 年）成功取得了新货币和旧货币交换的国内业务独家权益。根据三井公共信息委员会官方网站上的信息，利左卫门马上设立了“为换座三井组”，在东京、大阪、京都、横滨、神户、函馆等全国各大城市开展 1 两换 1 日元的业务。人们称新发行的货币为“三井札”。

明治六年（1873 年），三井与当时以生丝贸易发家的小野组共同创立了第一国立银行（现在的瑞穗银行）。

不过仅仅 1 年后，明治政府突然发布命令，宣布增加公款存款抵押。小野组无法承受这种压力，宣布破产。那时候，利左卫门想将第一国立银行转变为三井的银行，但政府中的涩泽荣一通过推动组织改革，使第一国立银行从三井组的控制中独立出来。

尽管如此，利左卫门并没有放弃设立银行的想法。三井组从第一国立银行的业务中撤出，于 1874 年在三井的总部日本桥骏河町设立了新的银行业务机构“骏河町为换银行三井组 HOUSE”。两年后的明治九年（1876 年）7 月，三井终于获得明治政府的批准，开设了日本第一家民间银行“三井银行”。同时，旧三井物产在这前后成立。但那时利左卫门卧病在床，未能参加三井银行的开业典礼。他于次年病逝，时年 57 岁。

此外，在推动三井各项事业发展的同时，利左卫门也开始对三井家族陈旧的制度进行改革。三井家族原以“财产总有”的形式经营，但这已不适应现代国家的组织形态。尽管三井家族对改变这一原则表示反对，但利左卫门仍然对各项规定进行了修改，有力推动了三井从家族企业向现代企业组织的转变，明确了三井企业和三井家族的关系。

走向近代企业的奠基石——“三井家宪”的制定

在利左卫门去世后，随着明治二十二年（1889 年）大日本帝国宪法的颁布和次年民法、商法的发布，三井家族的组织改革迫在眉睫。于是，他们请来了井上馨进行改革。井上馨主张制定新的三井家族家宪，并强调：

“自明治二十三年开始，我认为我们的家族成员可能会在事业和生活中发生各种争执，有必要防止各营业机构之间的竞争。因此，我们从那时起就开始制定家宪，要求家族成员严格监督彼此的行为。但是，我们需要找到一些方法，使三井十一家不至于四分五裂。只有这样，我们才能防患于未然。换句话说，我认为家宪应该以家族之间的契约的形式来执行。”（摘自三井公关委员会首页）

此后，家宪的修改又经历了很多曲折。明治三十三年

（1900 年）7 月 1 日，共计 10 章 109 条的“三井家宪”正式开始实行。

值得注意的是，新家宪不但保全了三井家族原有的“财产总有”制，同时还划清了作为企业的三井和三井家族之间的界限。

三井家族虽然认为自己的权利，即“民法规定个人有权主张财产的持有份额，并可以提出分割请求”有效，但是，他们也承诺“三井十一家的户主绝不会提出这样的请求”。于是，三井财阀从三井家族的控制中解脱出来，并以现代企业的姿态不断发展。到 1930 年年底，三井财阀已经迅速成长为一个大财阀，占据了日本 433 家主要企业总资本的约 15%。

三井公共信息委员会的官方网站上主页写道：“在家宪制定的那一天，有乐町的三井会议所、三井十一家的 26 名成员、三井家顾问井上馨、副顾问都筑馨六、涩泽荣一、穗积陈重以及益田孝和中上川彦次郎等 7 名三井的重要领导人出席，举行了盛大的家宪实施奉告祭。”即使如此，如果没有这位重要的管家利左卫门，三井在明治维新的动乱中很可能会消失，这就是他被誉为三井的“中兴之祖”的原因。

佛教僧侣住友正友与其姐夫苏我理右卫门的相遇

住友财阀据说是世界上历史最悠久的财阀之一。正如第一章所述，其历史可以追溯到创始人住友忠重。但住友作为一个商业实体而言，我们大概可以说始于住友政友和苏我理右卫门。财阀的历史跨越 400 多年。在本节中，我们将梳理政友和理右卫门帮助住友成长为大型财阀的过程，并介绍广濑宰平在明治维新后的动荡时期中取得的成就。

住友政友以僧侣的身份开始创业，他的商业精神是什么？

住友政友于天正十三年（1585 年）出生于越前道丸冈（今福井县坂井市），是住友正行的次子。据说住友正行曾是柴田胜家的武士。

庆长元年（1596 年），虚岁 12 岁的政友随母亲的弟弟友忠迁居京都，成为涅槃宗创始人空源的弟子，并被授予“文殊院空禅”的法号。

作为空源的得力助手，空禅全心全意地投入涅槃宗的传教工作。他20岁左右就娶了信徒伊丹绍拙的女儿为妻。

然而，随着元和三年（1617年）后阳成天皇去世，涅槃宗被贴上了“邪教”的标签。空源被流放至江户，空禅则被送到了佐仓藩。次年，空源去世。不过，空禅仍在江户附近的涅槃宗信徒中继续他的传教工作。然而，天台宗的天海却声称涅槃宗是天台宗的一个分支，于是涅槃宗被并入了天台宗。空禅无法接受这个决定，于元和七年（1621年）返回京都。他虽然仍然是僧侣，但却改名为“员外嘉休”，然后在佛光寺上柳町开设了从事出版和药品行业的“富士屋”。据说，在药品行业中，他主要销售返魂丹；在出版行业中，他出版了《往生要集》等书籍。

政友以诚实、慈悲、清净为准则，尊敬神佛，行事谨慎且稳重，告诫人们要勤俭节约，赢得了很多人的尊敬。此外，他还留下了《文殊院旨意书》。他在其中阐述了自己的从商心得，其中的教诲被广泛传承。

经商自不必说，对于所有事情都要全心全意地努力。

第一，一切买卖不要图便宜，不了解商品质量好坏的东西不能买。买进低劣的、便宜的商品是赃物；

第二，无论什么人都不能留宿，也不能替他人寄存物品，就算是一顶斗笠也不行；

第三，不可作他人的保证人；

第四，做买卖时，不可以先交货物、后收钱（即不可做赊账买卖）；

第五，无论与谁说话都不可以说粗话。凡事都要反复仔细解释清楚。

住友集团公共信息委员会官方网站对《文殊院旨意书》给出了如下解释。

《文殊院旨意书》开篇即强调“一切事情都不得粗心而为，对于任何事情要全心全意地努力”。这句话现在仍然作为住友的事业精神被传承了下来。

五条中列举了一些禁止事项，例如价格明显低于市场价格，且来历不明的物品是赃物，无论什么人都不能留宿、也不能替他人寄存物品等。最后一条则叮嘱商人在和人打交道时：不管别人说了什么样的（过分的）话，千万不可因一时性急与人争执，而是应当反复详细地解释。

苏我理右卫门创办泉屋，住友与“铜”结缘

元亀三年（1572 年），苏我平兵卫的次子苏我理右卫门在河内国五条（现在的大阪府东大阪市）出生。苏我理右卫门学习过铜精炼和铜制品加工技术，天正十八年（1590 年）在架设在现今京都鸭川的五条大桥附近、寺町松原南向西侧，创办了一家主营铜精炼和铜制品加工的“泉屋”。在泉屋创办之初，苏我理右卫门为了表达“泉”的含义，使用了“井格”作为商标。据说，这就是住友现在使用的“井

格”标志的起源。

他受到南蛮人的启发，研发出了“南蛮吹”，即一种从粗铜中分离银的精炼技术。

上述二人在住友财阀中有什么联系呢？

实际上，理右卫门是一名虔诚的涅槃宗信徒，他的妻子是住友政友的姐姐。

理右卫门的长子、生于庆长十二年（1607 年）的住友友以在理右卫门和政友的熏陶之下茁壮成长。友以作为政友的女婿入赘住友家后，在京都三条孙桥町（现在的京阪三条站附近）另立门户，开了一家主营铜精炼业务和铜制品销售的店铺，成立了“泉屋住友家”。

政友的女婿——友以以大阪为铜精炼业的核心区域

元和九年（1623 年），17 岁的友以为了进一步发展家业，将自己的门店从没有港口的京都迁至适宜水运的大阪淡路町（架设于东横堀川的平野桥东附近）。在理右卫门的建议下，他又在东西横堀川和道顿长堀围起来的“岛之内”开设了大规模的铜吹所（精炼所）。

宽文二年（1662 年），这个铜吹所日渐壮大，以至于在元禄三年（1690 年），总店和住友本家都搬迁了过来，一举成为住友的总部。

值得一提的是，友以对父亲研发的铜精炼技术进行了进一步的打磨。不过，他并没有将这门技术雪藏起来，而是选择将其公之于众。友以深信政友的教诲，这可能就是他将“南蛮吹”广泛公开的原因吧。

当时的日本是世界上为数不多的铜生产国。得益于友以的技术，大阪一跃成为日本铜精炼业的核心区域，“泉屋住友家”也作为“南蛮吹的宗家”广受尊敬。

友以之孙——友芳着手别子铜山，事业支柱诞生

友以又利用通过铜贸易赚的钱，开始了线、布匹、砂糖和药材等商品的贸易，之后又开了一家货币兑换店。泉屋自此发展得如火如荼，有人形容它“在大阪没有谁能与之比肩”。

宽文二年（1662年）友以去世后，他的第五个儿子友信接替了他的事业。他自称吉左卫门，并开始经营位于秋田的阿仁铜山、备中的吉冈铜山等。随着他们成为幕府的御用铜山师,住友家族一举发展成为日本最大的铜矿业者。

此外，住友友以的小儿子友贞在大阪和江户开展了外币兑换的业务。住友家族确立了以矿业金融业为产业支柱的财阀地位。

铜山经营起来十分耗费精力和资金,一点儿都不轻松。

住友的铜山经营开始不断走下坡路。不过还是迎来了转机。元禄四年（1691 年），友以的孙子友芳开始了伊予的别子铜山的开采业务。

住友公共信息委员会官方网站上写道：

据伊予（爱媛县）立川铜山（现在的别子铜山北部）的工人所言，后面人迹罕至的南侧山坡上露出了“铜山脉”，经过勘察发现，这里就是产量丰富的别子铜山。从此，住友兴衰往复几次，历尽曲折。正是这座铜山，奠定了住友“铜的住友”铜业的地位，也为今日的住友奠定了坚实的基础。

别子铜山逐渐壮大，成为世界上产铜量最大的矿山，铜成为支撑日本经济的重要出口商品之一，也逐步成为日后住友的重要业务支柱。

可以说，今天的住友财阀正是发迹于住友友芳开发的别子铜山。实际上，住友家族的历史记录也认为友芳时代推动了住友向良性发展。

后来，虽然住友作为财阀一直都比较稳定，但是就像三井一样，住友在明治维新时期也面临过巨大的危机。

于明治危机中拯救住友的“总代理人”——广濑宰平的才能

随着德川幕府灭亡、明治政府上台，住友借给各个大名的资金已经无法收回，而且持有的各藩的藩札也暴跌不止，住友家族的基础摇摇欲坠。

住友公共信息委员会的官方网站上也写道："住友深处窘境，历代的传家宝和日常用具都拿去做了抵押。在得到钱佐（钱屋佐兵卫）货币兑换店获得了千两左右的贷款后，才得以解了燃眉之急。"由此可见，住友确实处在危机之中。

庆应四年（1868年）2月，土佐藩接管了原本归幕府掌管的别子铜矿。他们试图将其纳入新政府管理之下。除此之外，萨摩藩还封锁了大阪的铜库，大批储备的铜遭到扣押。

此时，有人提议出售别子铜矿。但是，一旦失去了这一事业的支柱基石，住友恐怕将无法维系。在这种情况下，当时别子铜矿的主管广濑宰平站了出来。

广濑于1828年出生于近江国野洲郡八夫村（现在的滋贺县野洲市）的旧家——北胁家，为家中次子。9岁时，他跟随担任别子铜矿主管的叔父北胁治右卫门移居别子，11岁时就开始在别子铜矿工作。

他是一位才能出众的人。在第10任家主友视的推荐下，广濑被原住友江户店主管广濑义右卫门收为养子。庆应元年（1865年），他因提倡对别子铜矿进行现代化改造，被选拔为总主管。

广濑和土佐藩士川田元右卫门（之后的日本银行总裁川田小一郎）会面，他说："别子归幕府统领，但铜山不仅仅是住友家族自身在经营管理，扣押别子铜山有违国家大计。”于是，他获得了继续经营别子铜山业务的许可，解除了对大阪总店铜库的封锁,让住友的铜再次流向市面。

广濑手握住友大阪总店的管理权，在明治二年（1869年）1月提出了“万事更新”的方针。简而言之，就是进行企业改革。

例如，在明治四年（1871年），他开设了制铜销售的神户分店，旨在同外国商馆直接进行交易。他又将铜吹所从大阪迁至别子山脚下的立川山村。除了考虑作业流程的合理化等，他还引进一批小蒸汽船用于运输，使用爆破法采矿。此外，他还在制铜炼铜时使用焦炭，并且引进了一批最新的设备，例如蒸汽机、凿岩机、碎矿机和卷扬机等。

明治初年可以生产420吨的铜，在15年后翻了4倍多，产量达到了1800吨。据推算，一直到铜山关闭的283年间，别子铜山的累积矿产量达到了3000万吨，从中炼出来的铜达到了65万吨之多。

明治十年（1877年），住友家第12代吉左卫门友亲指明广濑为总代理人。他表示：“广濑总管生意上的一切事物，有权管理所有的雇员。”给一个学徒出身的职员如此大的权力真是特例中的特例。

于是，广濑也开始推行住友的家政改革。

明治十五年（1882年），广濑制定了包含19款196条内容的“住友家法”。

其中第 1 款家宪第 3 条写道：“我住友之经营，以求实为宗旨，或因时事之变迁、理财之得失，而作兴废之举，但不可苟且于浮利，贸然轻进。”

这份住友家法在明治二十四年（1891 年）修订时，被拆分成了家法和家先。而其中的条款作为住友的营业要旨，被分为三个部分并放在家法的开头部分。其中的 2 条至今仍然是住友集团各公司的经营指导原则。

第一条住友之经营，以信用为重，以求实为宗旨，以图家业的稳固与昌盛。

第二条住友之经营，随时势之变迁，计理财之得失，弛张兴衰虽有之，勿为苟求浮利而轻举冒进。

随着住友家法的制定，广濑原本职务“总代理人”改称为“总理人”。不过，广濑的经营管理太过专横独断。由于他主管的业务经营不顺，并且顽固地拒绝了住友内部关于设立银行的强烈要求，所以住友内部对他的批判之声不绝于耳。于是在明治二十七年（1894 年），广濑卸任了“总理人”一职。广濑活了 86 岁，于大正三年（1914 年）1 月 30 日辞世。

为住友保驾护航的历代“总理事”们

其后，住友担任过“总理人”一职的人员有第 2 代伊庭贞刚、第3代铃木马左也、第4代中田锦吉、第5代汤川宽吉、第6代小仓正恒、第7代古田俊之助。后来，“总理人”这一职务名称在明治二十九年(1896年)又被改为“总理事”。

不过初代的广濑和第2代以后的权限有明显不同。

从广濑宰平被住友家族总管指名为“总代理人”一事可知，广濑宰平的代理权完全不受限制。不过，第2代以后的总理事都从组成董事会中的理事中挑选，并且总理事不能忽视其他董事的意向，这意味着住友这一组织的经营管理已从住友家族的代表转移至公司的代表。

下面，我将介绍住友的历代总理事。

【住友财阀的总理事年表】

1877年（明治十年）广濑宰平成为住友家的总理事。

1894年（明治二十七年）广濑宰平卸任总理事，伊庭贞刚接手住友的各项业务。

1900年（明治三十三年）伊庭贞刚就任第2代住友本店总理事。

1904年（明治三十七年）铃木马左也就任第3代住友本店总理事。

1909年（明治四十二年）住友本店更名为住友总本店。

1921年（大正十年）住友总本店改组为住友合资会社，中田锦吉就任第4代住友合资会社总理事。

1925年（大正十四年）汤川宽吉就任第5代住友合资

会社总理事。

1930年（昭和五年）小仓正恒就任第6代住友合资会社总理事。

1937年（昭和十二年）住友合资会社改组为住友股份有限公司。

1941年（昭和十六年）古田俊之助就任第7代住友本社总理事。

1946年（昭和二十一年）古田俊之助辞去总理事职务。

推动住友的现代化发展，“CSR”先驱——伊庭贞刚

历任总理事中还有一位值得一提，他就是伊庭贞刚。

针对铜矿烟雾污染问题，他积极采取对策，并且很早就开始致力于解决“CSR（企业社会责任）”方面的问题。

伊庭贞刚于弘化四年（1847年）出生在近江国蒲生郡西宿村（现在的滋贺县近江八幡市），为伯太藩代官伊庭正人的长子。明治十一年（1878年），伊庭辞去在大阪高等裁判所的工作后，受叔父广濑宰平的推荐，于明治十二年（1879年）加入住友，并在3个月后成为住友本店的主管。

他除了参与策划创立大阪纺织（后来的东洋纺）和大阪商船，在第12代家主住友友亲和第13代家主住友友忠相继去世后，友忠的母亲登久上任第14代家主。此时，他

全力以赴，解决了住友家族的家督继承问题。他收了德大寺公纯的第六个儿子隆麿（西园寺公望的弟弟）作为友忠的妹妹满寿的养子，让隆麿以住友友纯的名义上任第15代家主。

此外，他在处理从明治二十年（1887年）开始不断恶化的别子铜山烟雾污染问题时，亲自前往新居滨，将冶炼厂搬到了四阪岛。同时，他还推进了由于铜山开发而荒废的西赤石山系山林的植树造林工作,致力于解决环境问题。为此，他成立了一家山林管理公司，这就是今天住友林业的前身。

此后，他还将合议制引入住友董事会，对住友经营管理的现代化发展作出了贡献。此外，他还提出创立广濑一直反对的住友银行，并在明治三十三年（1900年）成为了住友的总理事。

明治三十七年(1904年),他58岁时辞去了总理事职务。他说过一句广为人知的话："对事业的进步和发展而言，最大的弊害不是青年的过失，而是老人的专横。"此后，住友在以总理事为核心的合议制下继续成长，到战争结束时，住友本社投资的公司达到120家，这些公司的公称资本金[10]总额达到了100亿日元。

[10] 公称资本：指公司在对外公开的财务报告或者其他公开文件中声称的股本总额。这个数字通常反映了公司的规模和财务实力。

第五章

宿敌对决和集团的未来

商社、不动产、仓库、材料和海运行业的霸权之争

赌上财阀尊严的综合商社之战

在经历一系列的企业重组之后，三菱与三井、住友的竞争关系在许多行业中都有体现。同时，三菱、三井、住友这三大集团旗下各公司也在多个行业中争夺市场主导地位，包括属于瑞穗 FG 集团的伊藤忠商事和丸红在内，它们与三菱商事、三井物产、住友商事一起构成了日本独特的“综合商社”模式。

我们对这些综合商社 2012—2015 这 4 个财年的财务数据进行了汇总，计算出平均值，具体内容如 184 页的表格所示。随着这些公司逐渐过渡到使用国际会计准则，销售额的重要性已经大不如前，它们更看重的是当期利润。

“权益法投资损益”是指根据出资比例，将关联公司的利润计入本公司的部分。而“收到股息”则是从子公司、关联公司等相关公司以及投资对象那里收到的股息总额，这些都会被计入母公司的单独财务报表。

我们可以通过“权益法投资损益”和“收到股息”清楚地看出综合商社的投资是否高超。接下来，我们再次讨

论构成现金流量表的经营活动现金流量（经营 CF）、投资活动现金流量（投资 CF）和筹资活动现金流量（筹资活动 CF）。

“经营 CF”是指如销售商品和制品、提供服务等主营业务现金流入，以及支付的货物采购、制造成本、人力成本和税款等现金流出的计算指标。企业想要生存下去，就应处于“现金流入 > 现金流出”（正净额）的状态。

“投资 CF”则是指投入新建工厂或企业收购等活动的现金,以及通过出售业务或工厂等获得的现金的计算指标。对于谋求成长的企业,通常会出现“现金流出 > 现金流入”(负净额)的情况。此时,我们会在金额前面加上“△”标识。

以东芝为例，2016 财年，东芝以 6655 亿日元的价格将自己的医疗设备子公司卖给了佳能。这导致东芝在 2016 年的投资 CF 几乎等同于上述销售收入，为现金流入超出现金流出 6534 亿日元的状态。对出售子公司或工厂等进行产业重组的公司而言，投资 CF 通常会呈现出正净额情况。

最后是“筹资活动 CF”。如果企业偿还债务和股息支付超过了新的贷款收入，那么筹资活动 CF 就会处在“现金流出 > 现金流入”（负净额）的状态，此时我们同样会在金额前加上“△”标志。反之，如果偿还债务和支付股息的现金少于通过贷款等筹集的现金，就会出现正净额的情况。

综合商社的主要指标

三菱商事

当期净利润	权益法投资损益	收到股息
2339亿日元	836亿日元	4340亿日元
经营CF	**投资CF**	**筹资活动CF**
5833亿日元	△4375亿日元	△1000亿日元

三井物产

当期净利润	权益法投资损益	收到股息
2174亿日元	917亿日元	3667亿日元
经营CF	**投资CF**	**筹资活动CF**
5328亿日元	△5522亿日元	115亿日元

住友商事

当期净利润	权益法投资损益	收到股息
1142亿日元	572亿日元	1753亿日元
经营CF	**投资CF**	**筹资活动CF**
3504亿日元	△2302亿日元	△1151亿日元

伊藤忠商事

当期净利润	权益法投资损益	收到股息
2772亿日元	754亿日元	1792亿日元
经营CF	**投资CF**	**筹资活动CF**
3719亿日元	△3268亿日元	△227亿日元

丸红

当期净利润	权益法投资损益	收到股息
2242亿日元	760亿日元	1672亿日元
经营CF	**投资CF**	**筹资活动CF**
2703亿日元	△3513亿日元	503亿日元

※2012财年到2015财年的4年平均值，“△”表示负净额。

因资源价格下跌遭受损失的三菱商事和三井物产

过去 4 个财年的平均当期利润从高到低依次是：伊藤忠商事、三菱商事、丸红、三井物产、住友商事。三菱商事和三井物产在资源能源领域曾经获得过大量收益，但随着资源价格下跌对它们影响巨大，导致它们转为亏损。

在权益法投资损益方面，从高到低排序依次为：三井物产、三菱商事、丸红、伊藤忠商事、住友商事。然而，在 2015 财年，三井物产和三菱商事的权益法投资损益也转为负数，这导致它们的平均数据下滑。如果没有亏损，三菱商事和三井物产的平均数据应该在 1500 亿日元左右。

在收到股息方面，三菱商事约为 4000 亿日元左右，三井物产约为 3000 亿日元，其他 3 家都在 1000 亿日元左右。那么，这些商社都投资了哪些企业，并从中获得了多少股息收入呢？接下来，我们一起来看看它们在国内的主要投资对象。

三菱商事持有约 6300 万股的五十铃汽车（账面价值 739 亿日元）和约 4000 万股的永旺（账面价值 657 亿日元）。它还投资了无印良品的良品计划、山崎面包、罗森便利店、Life Corporation 超市、日本 KFC HD 等。此外，三菱商事还持有新日铁住金、化学巨头信越化学工业、工厂千代田化工建设等的股份。

三井物产持有约 1600 万股的 Seven & I HD（账面价

值 777 亿日元），以及力士 HD、雅马哈发动机、日本 Unisys、丰田汽车、东洋工程等公司的股票。此外，三井物产的投资对象还有计划与三菱集团的 JX HD 进行经营整合的东燃通用石油。

住友商事持有的股份包括约 1800 万股的新日铁住金（账面价值 394 亿日元）、山崎面包、丰田汽车、朝日集团 HD、马自达等。

当然，各综合商社的权益法投资损益和收到股息在国内企业中虽然处在领先水平，但还是不及丰田。丰田的权益法投资损益规模为 3000 亿日元，收到股息在 7000 亿至 8000 亿日元之间。

在经营、投资和筹资活动中的现金流动大致可以分为两类。虽然金额各不相同，但这 5 家公司的经营 CF 都是正净额，投资 CF 都是负净额。不过，三井物产和丸红的投资 CF 中的负净额超过了它们通过经营 CF 获得的现金流入额。为了弥补这一缺口，三井物产和丸红都通过开展新的筹资活动，使筹资活动 CF 的净额为正。

三菱商事、住友商事、伊藤忠商事这三家公司投资 CF 的负净额都控制在它们通过营业活动获得的现金范围内，因此，它们有足够的资金用于偿还债务，它们的筹资活动 CF 为负净额。

三菱商社的主要关联公司和投资对象

- 五十铃汽车（739）
- 良品计划（256）
- 日清制粉集团本社（151）
- 东洋橡胶工业
- 加藤产业
- 新日铁住金
- 中央化学
- 日东富士制粉
- 古屋金属
- 伊藤火腿
- 日本KFCHD
- Sigmaxyz
- 永旺（657）
- 北越纪州制纸（245）
- 国际石油开发帝石
- 太平洋金属
- 信越化学工业
- 日本新药
- 日本食品化工
- 千代田化工建设
- 明和产业
- Kadoya 制油
- 罗森
- Metal One
- 日清食品控股（412）
- 山崎面包（233）
- 冈村制作所
- 特种东海制纸
- 永谷园
- 好侍食品
- 日本Care Supply
- AGP（Airport Ground Power）
- 喜马拉雅
- Kanro
- Life Corporation
- Rental Nikken

三井物产的主要关联公司和投资对象

- Seven&I HD（777）
- 雅马哈汽车
- 大和工业
- POSCO
- 金浦化学
- 第一生命保险
- 曾田香料
- Sogo Medical
- Recruit集团（412）
- 日本Unisys
- 丰田汽车
- 日本油厂
- 新日铁住金
- 东洋工程
- Kadoya 制油
- Relia Communications
- 东燃通用石油（366）
- 新日铁住金物产
- 加藤产业
- 日本制粉
- 高登
- 本州化学工业
- Feedone
- QVC Japan

住友商社的主要关联公司和投资对象

- 新日铁住金（394）
- 朝日集团HD
- 大金工业
- DaikyoNishikawa
- 泽井制药
- 联合
- Bunka Shutter
- 山崎面包（221）
- 日清制粉集团本社
- SKY Perfect JSAT
- 加藤产业
- 五十铃汽车
- 日吉华
- 丰田汽车（199）
- 马自达
- 大和工业
- 第一生命保险
- 本田
- UACJ

※括号内的数字是账面价值，单位是亿日元。

寻找下一个风口！值得关注的投资案例是什么？

在钢铁产品、汽车出口、食品进口等主要领域，各大综合商社都在原材料和产品的采购销售（贸易中介）、能源资源权益的获取等方向展开激烈竞争。此外，这些商社在制水、发电、铁路建设等海外基础设施建设项目以及环境和新能源等相关业务的竞争也十分激烈。现在，由于铁矿石、铜、原油等资源价格下跌，它们正在经历一场艰苦的争斗。不过，好在它们已经成功转型，从传统主营贸易中介的公司转变成了以资源和业务投资为主要业务的公司。

21 世纪初，三菱商事和三井物产曾分别在澳大利亚的煤炭（原料炭）和巴西的铁矿石开发项目上投入了 1000 亿日元的巨额资金。早在 1969 年，三菱商事就对文莱的 LNG（液化天然气）项目进行过巨额投资，远超当时三菱商事的注册资本。总而言之，三菱商事通过投资煤炭和液化天然气、三井物产通过投资铁矿石和原油，在资源价格居高的情况下获得了巨额利润。

然而，随着资源价格下跌，三菱商事和三井物产在 2015 财年最终亏损约 1000 亿日元。显然，综合商社正在迎来新的转机。

眼下，它们可能会调整公司经营方向，如“重新分析资源领域和非资源领域的平衡”和“扩展收益稳定的业务”。作为旁观者，我们可以关注这些商社业务重组的走向。21

世纪初，当人们高喊“我们不需要商社”的时候，三菱商事和双日、伊藤忠商事和丸红就分别走上了在钢铁和钢材领域的合资经营道路。时至今日，三井物产和住友商事、丸红这 3 家公司又计划在住宅建材业务上强强联手。

以 2015 财年为例，住友商事进账 5997 亿日元（经营 CF）的现金，而投资 CF 的负净额仅为 854 亿日元。由于大部分用于偿还贷款，因此，筹资活动 CF 是 5071 亿日元的负净额。结果，住友商事的有息负债比 2014 财年少了 7700 亿日元。

为了便于进行大型投资赚取更多利益，住友商事需要着力改善自身的财务状况。

综合商社几乎每天都会在其官方网站上公布投资项目，积极收集全球各地信息，每年投资规模达到数千亿日元，投资对象几乎遍布全球，投资项目也多种多样。

从公布的信息中我们可以看出各公司的业务、项目和所处地区,同时也可以看到包括世界经济在内的宝贵信息，总之，这些信息中还包括综合商社业务重组方向等很多值得大家关注的内容。

在房地产和仓储业，财阀旗下的企业稳居前三

在房地产和仓储业中，三菱、三井和住友旗下的企业位列

前三。在房地产行业，三井不动产在销售额上领跑，其经常性净利润和当期利润的平均值也超过了三菱地所和住友地产。

现金流的情况如何呢？三家公司投资 CF 的净负额水平能够明显反映出它们在投资策略上的差异。三家公司每年都会进行大规模投资，其中三井不动产和住友地产的投资活动显得更加积极，例如，三菱地所的投资 CF 的负净额不小于经营 CF 显示的现金流入额，而三井不动产和住友不动产的净负额大大超出了现金流入额，且筹资活动 CF 处于正净额状态。这意味着它们主要依靠贷款进行投资。

另外，在办公室等租赁面积方面，三井不动产为 482 万平方米，住友不动产为 439 万平方米，三菱地所为 346 万平方米。不过，在所持有的租赁等不动产的潜在收益方面，三菱地所的租赁面积虽然较少，但其仍以 24653 亿日元位居榜首，其“丸之内大地主”的名号可谓是实至名归。三井不动产和住友不动产的潜在收益分别为 19121 亿日元和 14512 亿日元。

在仓储业的销售额排名中，按照 5 年的平均值来看，三菱仓库、住友仓库和三井仓库 HD 排在前三位。单看 2015 财年的数据，三井仓库 HD 位居榜首。可以说这是它近期积极投资策略的成功。同三井不动产和住友不动产一样，三井仓库 HD 投资 CF 的负净额远超其通过主营业务进账的现金总额。这是因为自 2012 年起，三井仓库 HD 收购了三洋电机和索尼旗下的物流公司等。

5大不动产的主要指标

三井不动产

销售额	经常性净利润	当期净利润
14792亿日元	1432亿日元	008亿日元
经营CF	**投资CF**	**筹资活动CF**
1000亿日元	△1481亿日元	544亿日元

三菱地所

销售额	经常性净利润	当期净利润
10270亿日元	1261亿日元	646亿日元
经营CF	**投资CF**	**筹资活动CF**
1995亿日元	△1802亿日元	53亿日元

住友不动产

销售额	经常性净利润	当期净利润
7734亿日元	1281亿日元	702亿日元
经营CF	**投资CF**	**筹资活动CF**
766亿日元	△1492亿日元	805亿日元

东急不动产HD

销售额	经常性净利润	当期净利润
6910亿日元	465亿日元	268亿日元
经营CF	**投资CF**	**筹资活动CF**
302亿日元	△358亿日元	9.4亿日元

野村不动产HD

销售额	经常性净利润	当期净利润
5274亿日元	560亿日元	298亿日元
经营CF	**投资CF**	**筹资活动CF**
507亿日元	△214亿日元	342亿日元

※2011财年到2015财年的5年平均值，“△”表示负净额。

5大仓库的主要指标

三井仓库

销售额	经常性净利润	当期净利润
1601亿日元	36亿日元	22亿日元
经营CF	**投资CF**	**筹资活动CF**
99亿日元	△153亿日元	60亿日元

三菱仓库

销售额	经常性净利润	当期净利润
2010亿日元	143亿日元	86亿日元
经营CF	**投资CF**	**筹资活动CF**
183亿日元	△159亿日元	14亿日元

住友仓库

销售额	经常性净利润	当期净利润
1616亿日元	112亿日元	68亿日元
经营CF	**投资CF**	**筹资活动CF**
134亿日元	△120亿日元	△0.18亿日元

日本Trancy

销售额	经常性净利润	当期净利润
884亿日元	43亿日元	26亿日元
经营CF	**投资CF**	**筹资活动CF**
43亿日元	△25亿日元	△21亿日元

涩泽仓库

销售额	经常性净利润	当期净利润
546亿日元	25亿日元	13亿日元
经营CF	**投资CF**	**筹资活动CF**
40亿日元	△39亿日元	△2.8亿日元

※2011财年到2015财年的5年平均值“△”表示负净额。

财阀旗下的企业在材料行业激烈竞争

从行业类别来看，三菱的金曜会、三井的二木会和住友的白水会的成员企业中，原材料行业的企业尤为显眼。

在石化行业，金曜会成员三菱化学 HD 销售额名列榜首。紧随其后的是白水会成员住友化学，而二木会的三井化学排在旭化成之后，排名第 4。如果将二木会旗下从事纺织业的东丽纳入排名，其排名仅次于三菱化学 HD 和住友化学，位居第 3。

在非铁金属行业的销售额排名中，三菱材料、住友金属矿山、三井金属矿山分列前三。不过，主营电线和光纤电缆业务的住友电气工业的销售额超过了三菱材料，达到了 20000 亿日元。

金曜会成员旭硝子的销售额虽然不及法国的圣戈班，但在汽车、建筑、超薄电视等领域用玻璃方面，旭硝子作为专业的玻璃制造商，其实力达到了世界顶尖水平。而白水会的日本板硝子在国内排名第 2。

加盟三菱金曜会的材料公司

三菱化学HD

销售额	经常性净利润	当期净利润
34549亿日元	1514亿日元	387亿日元
经营CF	**投资CF**	**筹资活动CF**
2639亿日元	△1745亿日元	△715亿日元

旭硝子

销售额	经常性净利润	当期净利润
12961亿日元	612亿日元	308亿日元
经营CF	**投资CF**	**筹资活动CF**
1651亿日元	△1323亿日元	△419亿日元

三菱材料

销售额	经常性净利润	当期净利润
14156亿日元	694亿日元	433亿日元
经营CF	**投资CF**	**筹资活动CF**
1045亿日元	△508亿日元	△705亿日元

三菱瓦斯化学

销售额	经常性净利润	当期净利润
5155亿日元	344亿日元	193亿日元
经营CF	**投资CF**	**筹资活动CF**
514亿日元	△306亿日元	△178亿日元

※2011财年到2015财年的5年平均值，“△”表示负净额。

缩小与全球顶尖企业差距的秘诀是什么？

三菱化学 HD 在国内是一家影响力显著的大型企业，其销售额接近 40000 亿日元。

不过放眼全球，它在规模上无法与德国的 BASF 以及美国的陶氏化学和杜邦的合并公司相比。

同属于金曜会的石油和非铁金属公司 JXHD 的销售额超过了 100000 亿日元，但与英国的皇家荷兰壳牌或美国的埃克森美孚相比，其销售规模只有它们的三分之一。住友化学和三井化学与世界上的大公司之间的差距更大。

日本国内的企业不仅规模较小，往往还承受着高成本的压力。例如，日本生产乙烯有机化学产品原料时，首先要利用邮轮将原油从生产国运来，然后采取蒸馏原油的方式得到石脑油（粗制汽油），最后再通过石脑油生产乙烯。相比之下，沙特阿拉伯等国利用采油时产生的天然气，而美国的乙烯工厂正在转向使用价格低廉的页岩气。

日本公司除了要花钱购买原油，还要支付进口运输成本。而沙特或美国的公司在成本上显然具备巨大优势。

因此，日本的石油联合体整合和淘汰的步伐必将加快。

例如，三菱化学 HD 已经与旭化成整合了位于冈山的乙烯生产设施。又例如，住友化学早已停止国内的乙烯生产，而是转向海外生产。

住友化学正在沙特阿拉伯与该国国有石油公司合作建

设世界最大的石油联合体，并转向合资运营。

日本各公司正在从销售通用产品转向专注于高收益的高功能材料和它们擅长的领域，这也是一种应对高成本的无奈手段。信越化学工业能成为世界领先的通用产品 PVC 树脂制造商，其美国子公司功不可没。

日本石油化学行业的领头羊三菱化学 HD 就是一个经过集团重组后扩大业务规模的企业。三菱化学 HD 以三菱化学为核心，旗下拥有三菱人造纤维、三菱树脂以及医药品生产商田边三菱制药，并且完成了对工业气体行业大阳日酸等企业的收购。

除控股公司外的三菱化学、三菱人造纤维、三菱树脂这 3 家公司，在 2017 年 4 月合并为三菱化学，这一举动导致金曜会的成员企业数量减少。

原本在战争时期，三菱化学和现在的旭硝子就进行过合并,可以说,三菱化学意图扩大企业规模的想法仍然存在。

而对于住友化学和三井化学来说，接下来的合并之举必不可少。虽然它们的合并谈判最终以失败告终，但对于双方而言，也算是迈出了第一步。

出光兴产由于其创始人一再反对，其与昭和壳牌石油的合并前景不明朗（截至 2016 年 8 月）。不过，由于三井化学正在参与出光兴产在越南开展的炼油厂和石油工厂的建设，因此它会与出光兴产联手。

加盟三井二木会的材料公司

三井化学

销售额	经常性净利润	当期净利润
14640亿日元	324亿日元	11亿日元
经营CF	**投资CF**	**筹资活动CF**
618亿日元	△523亿日元	△116亿日元

东丽

销售额	经常性净利润	当期净利润
18267亿日元	1174亿日元	666亿日元
经营CF	**投资CF**	**筹资活动CF**
1408亿日元	△1442亿日元	△87亿日元

三井金属矿山

销售额	经常性净利润	当期净利润
4426亿日元	117亿日元	42亿日元
经营CF	**投资CF**	**筹资活动CF**
389亿日元	△406亿日元	△5.8亿日元

王子HD

销售额	经常性净利润	当期净利润
13135亿日元	577亿日元	228亿日元
经营CF	**投资CF**	**筹资活动CF**
1106亿日元	△867亿日元	△228亿日元

※2011财年到2015财年的5年平均值，“△”表示负净额。

加盟住友白水会的材料公司

住友化学

销售额	经常性净利润	当期净利润
21245亿日元	1081亿日元	250亿日元
经营CF	**投资CF**	**筹资活动CF**
2024亿日元	△1070亿日元	△844亿日元

住友电气工业

销售额	经常性净利润	当期净利润
25087亿日元	1344亿日元	748亿日元
经营CF	**投资CF**	**筹资活动CF**
1505亿日元	△1359亿日元	△234亿日元

住友金属矿山

销售额	经常性净利润	当期净利润
8527亿日元	999亿日元	645亿日元
经营CF	**投资CF**	**筹资活动CF**
1158亿日元	△1099亿日元	57亿日元

日本板硝子

销售额	经常性净利润	当期净利润
5871亿日元	△167亿日元	△203亿日元
经营CF	**投资CF**	**筹资活动CF**
137亿日元	△200亿日元	48亿日元

※2011财年到2015财年的5年平均值，“△”表示亏损或负净额。

经营不善的企业应对策略和集团新动向

从三菱汽车的丑闻中洞察真相

2016 年 4 月，三菱汽车再度曝出丑闻。

2000 年，三菱汽车曾因隐瞒召回问题而陷入营业危机。当时，在以三菱重工业、三菱商事和三菱 UFJFG（即当时的三菱东京金融集团）为首的金曜会成员的协助下，三菱汽车渡过了难关。然而，随着此次轻型汽车燃油效率造假问题曝光，大家都在关注三菱重工业等企业是否会再度伸出援手。但最终的结果是由日产汽车集团接管三菱汽车并进行企业重建。尽管三菱汽车仍然是金曜会的成员，但其走上与已经归属于德国奔驰集团的三菱扶桑卡·客车相同的道路。

自 2008 财年净亏损 548 亿日元后，三菱汽车开始扭亏为盈，逐渐步入正轨。在 2013 和 2014 财年，公司的当期利润均超过了 1000 亿日元。不过由于此前长期处于亏损状态，三菱汽车直到 2012 财年才实现盈余公积扭亏为盈。在此之前，该公司长期面临高达 7000 亿日元左右的亏损。

然而，作为一种业务风险，三菱商事每年都会发布以下声明。这个问题在2015财年仍未解决，已经持续了10年以上。

“本公司应三菱汽车的要求，从2004年6月至2006年1月总共接受了1400亿日元的普通股和优先股（中略）。我们对三菱汽车本身的风险敞口约为1250亿日元，对该公司关联业务的出资等总计约2100亿日元。”

也就是说，三菱商事在与三菱汽车的交易中，承担了约2100亿日元的风险。而三菱商事在2015财年，最终亏损1000亿日元。而三菱重工业由于大型客船的交付延迟，累计损失了超过2000亿日元。此外，三菱重工业在美国交付的核电设备成为争议。国产喷气机MRJ的开发也没有按照计划进行,尽管三菱重工业早已设想到了这种可能。因此，这两家公司即使想要扶持三菱汽车，恐怕也是力不从心。

而且当时的时代背景是,不能仅仅因为同属一个财阀，就可以无条件进行扶持。自2015年公司治理准则（Corporate Governance Code）开始实施以来，企业需要对股权互持作出合理的解释，而这个准则的本意是消除无意义的股权互持。实际上，对于长期以来在国内已经习以为常的股权互持行为,外国投资者们持有相当严格的看法。三菱的金曜会、三井的二木会和住友的白水会在表面上都是和睦友好的组织，但是在必要的时候，关于集团的团结和协作，我们可以认为它们已经做出了最好的决策。但从三菱汽车的这些风波来看，这种集团力量显然正在趋于形式化。

对经营不善的企业的经营扶持是否妥当？

前文曾经提到过，住友白水会的成员企业日本板硝子开展收购英国同行的这种大规模并购行动。不过自 2009 财年以来，在总共 7 个财年的决算中，板硝子只有 2 次盈利，5 次都是亏损。

从 2011 财年开始的 5 个财年来看，板硝子只有 1 次盈利。这导致其 5 个财年的平均当期净利润是负 203 亿日元。

随着海运业持续低迷，海运公司们面对的困境也日益严重。究其原因有两大方面：一是全球的船舶供应过剩；二是多国的经济停滞导致的连锁反应。这与领头羊全日空控股公司（ANAHD）、从经营破产中东山再起的日本航空（JAL）可谓有云泥之别。形象地说，空运在灿烂的太阳中前行，而海运则在风浪中摸索着前进。以三菱金曜会为例，其成员企业日本邮船在近 5 个财年中就出现过 1 次亏损，5 个财年的平均当期纯利润只有 89 亿日元，仅为日本航空 1645 亿日元的 5%。

瑞穗集团的川崎汽船也在近 5 个财年中亏损了 2 次，5 个财年的平均亏损达到了 77 亿日元。而三井二木会成员商船三井的亏损更为严重。其在最近 5 年的财报中宣告了 3

次亏损，5 年的平均亏损达到了 551 亿日元。

日本板硝子主要的贷款机构有三井住友银行（贷款 1075 亿日元）、三井住友信托银行（453 亿日元）和三菱东京 UFJ 银行（178 亿日元）等。

商船三井的融资主要来源于三井住友银行（295 亿日元）、三菱东京 UFJ 银行（255 亿日元）、三菱 UFJ 信托银行（201 亿日元）和三井住友信托银行（195 亿日元）。

东芝向瑞穗银行（1834 亿日元）、三井住友银行（1768 亿日元）、三井住友信托银行（1310 亿日元）和三菱东京 UFJ 银行（1112 亿日元）贷款，后因财务造假问题曝光后深陷经营危机。

可以发现，这些公司都是主要向同一批金融集团贷款。那么，这些公司各自所属的集团是如何帮助它们的呢？土光敏夫采取的人力支援就是一个很好的例子。他本是三井二木会成员 IHI（当时的石川岛播磨重工业）的高层，后来转投东芝（当时的东京芝浦电气），盘活了东芝的企业经营。后来，他还跻身经济团体的高层，推动了国铁等公司的民营化，并参与创办了各 JR 和 NTT 等，堪称是一位出类拔萃的改革英才。

日本板硝子的董事会成员中同样有出身于白水会三井住友银行的成员，而在东芝的外部董事中有一位是三菱金曜会成员三菱化学 HD 的会长。现在已经很难再找到土光敏夫这样的例子了。

海运公司和航空公司的主要指标

日本邮船

销售额	经常性净利润	当期净利润	经营CF	投资CF	筹资活动CF
21232亿日元	373亿日元	80亿日元	1079亿日元	△389亿日元	△409亿日元

商船三井

销售额	经常性净利润	当期净利润	经营CF	投资CF	筹资活动CF
16406亿日元	179亿日元	△551亿日元	958亿日元	△1088亿日元	275亿日元

川崎汽船

销售额	经常性净利润	当期净利润	经营CF	投资CF	筹资活动CF
11855亿日元	128亿日元	△77亿日元	573亿日元	△312亿日元	△96亿日元

ANA HD

销售额	经常性净利润	当期净利润	经营CF	投资CF	筹资活动CF
15939亿日元	772亿日元	415亿日元	2116亿日元	△1700亿日元	△297亿日元

日本航空

销售额	经常性净利润	当期净利润	经营CF	投资CF	筹资活动CF
12868亿日元	1851亿日元	1645亿日元	2686亿日元	△2124亿日元	△1027亿日元

※2011财年到2015财年的5年平均值，“△”表示亏损或负净额。

建筑和土木行业的三菱建设和三井住友建设有一个共同点，那就是它们都通过金融支持和合并度过了泡沫经济崩溃后的困境。三菱建设是金曜会的成员，而三井住友建设则同时加入了二木会和白水会。两家公司都是行业的中坚力量，不过它们在规模上还比不过鹿岛、大成建设、大林组、清水建设、竹中工务店这 5 家超级总承包商。

此外，三菱集团旗下还有一家名为千代田化工建设的工程公司，三井集团有一家名为东洋工程的工程公司。假如三菱建设能与千代田化工建设合并、三井住友建设能与东洋工程合并，这两家公司规模扩大将成为现实。不过目前这种动向尚未出现。这可能是因为三菱和三井中缺乏能够引领集团发展的强大领导者。

三菱对旗下企业的银行参与度最高

准确来说，加盟三菱金曜会的有控股公司三菱 UFJFG 的两家子公司，即三菱东京 UFJ 银行和三菱 UFJ 信托银行。

至于三井二木会和住友白水会的情况，则稍微复杂一些。加盟二木会的是三井住友 FG 和三井住友信托 HD 两家控股公司,而加盟白水会的则是控股公司的核心子公司，即三井住友银行和三井住友信托银行。控股公司的总裁出身于三井银行和三井信托银行，而三井住友银行和三井住友信托银行的总裁则出身于住友银行和住友信托银行。

为了慎重起见，我再补充一句。三井住友FG的信托子公司SMBC信托银行，是三井住友FG在2013年收购了法国兴业信托银行后更名的。

不同于三菱UFJFG和瑞穗FG，过去三井住友FG的旗下并没有信托银行。因此有一段时间，三井住友FG曾考虑与旗下有三井住友信托银行的三井住友信托HD进行经营整合。不过在三井住友信托HD的反对下，此次整合未能成行。随着SMBC信托银行的诞生，可以预见，三井住友FG和三井住友信托HD在短期内完成经营整合的可能性并不大。

总的来说，无论是三菱东京UFJ银行、三井住友FG，还是三井住友银行，都是金曜会、二木会、白水会的核心企业。特别是三菱东京UFJ银行，它与三菱重工业、三菱商事一起被誉为三菱集团的“御三家”。不过，在银行参与情况方面，金曜会、二木会和白水会各不相同。

哪些公司的董事没有出身于集团内银行？

在企业经营中，与金融机构建立紧密联系的重要性不言而喻。人随钱动，这是世间常情。随着资金流动，人才也会相应流动。接纳来自银行的人才可以使资金运作更加顺畅，这是一种巨大的优势。

在金曜会成员企业中，除金融企业外，2016 年度，三菱重工业和三菱材料中有出身于三菱东京 UFJ 银行和三菱 UFJ 信托银行的董事或审计委员。三菱制钢、三菱制纸、三菱仓库有多名就任董事或审计委员的高管。在尼康，有出身于三菱东京 UFJ 银行、三菱 UFJ 信托银行、明治安田生命保险、东京海上火灾保险的相关人士担任董事或审计委员。而三菱商事、三菱化学 HD、JXHD、日本邮船、日本物流等公司的董事中没有银行背景的人士。

三菱地所的董事中没有出身于三菱东京 UFJ 银行或三菱 UFJ 信托银行的人。但其中有一位董事来自与三菱 UFJ 证券 HD 合作的摩根大通证券，他在 2016 年成为了三菱地所外部董事。

三菱商事的主要贷款机构是明治安田生命、三菱 UFJ 信托银行、三菱东京 UFJ 银行这 3 家三菱集团的金融机构。三菱化学 HD 从瑞穗银行贷款 1638 亿日元，从三菱集团的金融机构贷款金额达到了约 4000 亿日元。

可以说，三菱东京 UFJ 银行和三菱 UFJ 信托银行在人才和资金方面都为集团企业提供了强有力的支持。

JXHD（主要发展自三菱石油）是个例外。其贷款金额从高到低依次是瑞穗银行 3236 亿日元、三井住友银行 2498 亿日元和三菱东京 UFJ 银行 2078 亿日元。1999 年，三菱石油与当时行业领头羊日本石油合并后，经过一系列重组，发展成一家规模巨大的企业。所以 JXHD 之所以向瑞穗银行贷款最多，大概是因为要延续日本石油与瑞穗银行长期紧密交易的传统吧。

相比于三菱的金曜会，对于三井的二木会和住友的白水会而言，银行在集团内部的作用和参与度似乎较少。

在二木会成员企业中，其董事或审计委员中没有银行出身的企业有商船三井、东芝、IHI、Denka、三井金属、王子 HD、日本制纸和日本制粉。

三井不动产的董事中虽然有出身于三井住友海上火灾保险的，但并没有来自三井住友银行的人员。此外，三越伊势丹 HD 的外部董事中除了有来自三井物产和五十铃汽车的人员，还有一些曾担任过三菱东京 UFJ 银行总裁等职务的三菱 UFJFG 的高层人员。

在白水会的成员企业中，包括住友电气工业、住友金属矿山、住友林业、住友大阪水泥、住友仓库、住友橡胶工业和住友酚醛塑料等在内，其董事或审计委员中没有来自三井住友银行的人员。

企业集团的影响力能否持续?

三菱东京 UFJ 银行（三菱 UFJFG）起源于三菱银行，后来逐步合并收购了东京银行和 UFJ 银行（三和银行、东海银行等）。而三井住友银行（三井住友 FG）则以住友银行为基石，通过收购樱花银行（包括三井银行、太阳神户银行等），扩展了自身的业务版图。

在 UFJ 银行的收购战中，三菱取得了胜利。三井住友银行曾经成功收购过与三菱有深厚历史渊源的日兴证券。三菱 UFJ、三井住友和瑞穗 FG 形成了日本的三大金融集团。

瑞穗 FG 由富士银行、第一劝业银行、日本兴业银行三家银行合并而成，其核心子公司包括瑞穗银行和瑞穗信托银行。因为富士银行的“芙蓉会”和第一劝业银行的“三金会”的存在，瑞穗 FG 与伊藤忠商事、丸红、清水建设、大成建设、日立制作所、川崎重工业等形成了日本最大规模的企业集团。日产汽车、富士重工业、京成电铁等都曾与兴业银行关系密切。

2003 年，陷入经营危机的瑞穗 FG 实施了超过 10000 亿日元的增资计划，其中，第一生命保险投入了 450 亿日元；ANAHD、资生堂、精工爱普生、新日本制钢（现称新日铁住金）等公司各自出资了 1000 亿日元。

然而，即使是像三菱和三井住友这种财阀旗下的银行，即使是以银行为中心的企业集团，各成员企业一致行动的那个时代早已过去。在全球经济持续加速的大背景下，企业为了自身生存，不断进行并购和联合，展现出区别于所属集团或联盟的独立行动，并成为了一种常态。

在综合商社等企业大型项目中，常常打破集团界限，组成跨集团的企业联盟，已经成为极其常见的操作。它们能够明确区分财阀与商业活动之间的界限，例如2016年3月，住友商事在泰国得到一个超过1000亿日元大规模铁路运输系统的订单，共同中标的还有日立制作所和三菱重工业。

在电力零售自由化的推动下，二木会的成员王子HD正在全面发展其电力销售业务。其合作伙伴包括金曜会的三菱制纸，以及瑞穗集团旗下的综合商社伊藤忠商事的子公司伊藤忠ENEX。

明治安田生命是金曜会成员，由明治生命和安田生命合并而成，而安田生命原本是富士银行芙蓉会的成员。住友金属工业与新日本制铁合并形成新日铁住金后，退出了白水会。可以预测，企业跨集团的重组和整合在未来也将是一种常态。

然而，在一些非商业的聚会中，我们常常能够听到一些夸赞各个集团的事迹，有些年轻员工可能会感到困惑："我听说过，但没想到竟然如此厉害！"在这种环境的熏陶下，员工们对集团的归属感和对集团外部的竞争心态，不会轻易消失。

像金曜会、二木会、白水会这样的企业集团，虽然它们不能总是保持步调一致，但在未来仍然有可能具有一定的凝聚力和影响力。

后记

此时此刻，世界经济仍在不断运行。各国公司正在跨越国界展开激烈的竞争，每时每刻都在进行。日本企业自然也不能例外。

在这种背景下，2015 年日本财务年度报告显示，日本四分之一的上市公司的利润纷纷创下历史纪录。

2016 年 6 月 1 日，日本财务省发布 1 ~ 3 月期的法人企业统计（不包括金融和保险业）显示，企业“盈余公积”，也就是所谓的内部留存同比增长了 6%，达到历史最高的 3660000 亿日元。

许多媒体报道称“只有企业在赚钱”。

确实，企业员工的工资增长停滞不前，而且通货紧缩趋势仍在持续。我们不能断定以实际 2% 经济增长率为目标的“安倍经济学”是否取得了成功。而且还有一个更为重要的现实，那就是国民与日俱增的压抑感达到前所未有的高度。

我们真的有必要如此担忧吗？世界经济变动太快，不再是某一个国家的问题，因此我们不能过于乐观。但是，我们相信日本企业始终保持着坚韧的实力，未来必定会绽放耀眼的光芒。

其实，当前不仅只有日本的经济持续低迷，全世界都处在经济低迷的状态中，放眼望去，找不到一个经济活力十足的国家。

比如，美国经济是世界上最早从雷曼事件的影响中恢复过来的，就如笔者在前言部分所说，如今的美国已经没有足够能力带动全球经济发展。美国制霸全球的时代已经过去，美国自身也深刻意识到这一点，把关注的焦点置于本国内部发展，因为它认为“本国发展比关注其他国家更重要”。

作为美国的替代者，一时间引人注目的是中国，它已经化身为世界的工厂。

欧洲情况也类似。在2010年主权债务危机后，原本增长就已经放缓的欧洲至今仍然处于可能引发金融危机的风险中。再加上恐怖主义、移民问题，以及英国脱欧等，整个欧洲都在迷茫。

再例如东南亚的一些新兴国家，受到发展中国家和发达国家经济低迷的影响，它们原本被寄予厚望的经济发展也陷入困境。

在这种情况下，增加内部留存的日本上市公司表现出了非凡的战斗力。笔者认为这非常值得赞赏。而且值得注意的是，在这些公司中，包括本书中提到的三菱、三井和住友三大财阀集团的许多公司。

很多人可能会认为“财阀”已经成为了历史。确实，本书中所提到的三大财阀，从明治维新到太平洋战争期间，都经历了飞速发展。而在战后，它们遭到了GHQ的解散。

如果它们已经完全没必要存在，那么它们也不该重出江湖。

但是在战后的经济复兴时期，它们在一片废墟中东山再起，在剧变的环境中建立起了新的组织。现在的三大财阀及其旗下的企业群体，虽然骨子里还流淌着以前的三大财阀的血液，但是它们显然已经适应了新时代。

究竟是什么力量驱使着它们？它们又转变成了什么样的组织呢？

本书通过追溯日本三大财阀的历史，并利用最新的数据，分析了每个集团的现状和未来的发展趋势，同时揭示了在全球竞争的背景下日本应走的发展道路。

2016年10月

“财阀研究会”代表 河野浩一（The Right Stuff Office）